유대인이 자녀들에게
들려주는 **토라** 이야기

유대인이 자녀들에게 들려주는 토라 이야기 2

초판 1쇄 인쇄 2017년 10월 25일
초판 1쇄 발행 2017년 10월 30일

번역 변순복
펴낸이 김정희

펴낸곳 하임(the 하임)
등록일 2017년 9월 14일
등록번호 816-91-00330
주소 서울시 마포구 성암로5길 12 101동 1301호
전화 02-307-1007
팩스 02-307-1009
이메일 chaim1007@hanmail.net

디자인 참디자인

ISBN 979-11-962203-0-3 93230

* 책 값은 뒤표지에 있습니다.
* 잘못된 책은 교환하여 드립니다.

유대인이 자녀들에게 들려주는 토라이야기

❷

변순복 번역

유대인의 일반교육은 세계 여러 나라의 교육제도와 다른 점이 없다

유대교인으로서 어떻게 하나님을 알고, 하나님을 경외하며 하나님께서 허락하신 세계에서 자신의 삶을 누릴 수 있는가? 어떻게 하나님의 형상을 닮은 삶을 살 수 있는가? 유대교인인 내가 어떻게 사회를 변화시킬 수 있는가?를 가르치는 교육에 초점을 맞춘다. 유대인들은 아주 어릴 때부터 많은 이야기를 들려줌으로써 교육을 시작하는데, 그 중에서 이 책은 토라(성경)를 바르게 알고 토라가 가르치는 대로 실천하는 삶을 살 수 있도록 인도하기 위하여 부모가 자녀들에게 들려주는 토라 이야기를 모아 놓은 책이다.

CONTENTS
차례

독자에게   6
감사의 글   11
들어가며   13

제1장 아가다   17
제2장 할라카   27
제3장 하프타라   37
제4장 후마쉬   49
제5장 커투빔   61
제6장 러숀 하코데쉬   71
제7장 미드라쉬   81
제8장 머주자   91
제9장 민하그   103
제10장 미쯔바   111
제11장 너비임   123
제12장 세페르 토라   135
제13장 알리야   143

제14장 아세레트 하디브로트(십계명)   151

제15장 파라샤트 하샤브아   163

제16장 라쉬   171

제17장 토라   179

제18장 탈무드   189

제19장 탈무드 토라   201

제20장 타나ㅋ흐   215

간단한 용어설명   221

히브리어 알파벳 표   225

참고도서   227

FOREWORD
독자에게

하나님과 알레프 베이트 그리고 진리

이 책은 성경과 고대 성경 문학에 나오는 용어들 가운데 토라(성경)와 관련이 있는 히브리어 단어를 사용하여 자녀들에게 토라(성경)를 가르쳐 주는 유대인의 이야기를 모아 놓은 책입니다.

독자들은 이 이야기를 읽으면서 그 단어가 가지는 의미를 깨달아 하나님을 더 깊이 알고, 더 가까이 계심을 느낄 뿐만 아니라 그 단어 하나 하나에 숨겨져 있는 유대인의 지혜와 철학적인 사고를 알게 될 것입니다.

모든 이야기의 순서는 히브리어 문자의 순서를 따라 알레프 베이트 순으로 정리하였습니다.

대부분 유대인들은 히브리어 알레프 – 베이트가 단어를 구성하는 단순한 문자들의 모임이 아니라, 그 이상의 뜻을 지니고 있다고 믿습니다. 문자와 관련된 유대인들의 많은 전통 가운데 한 예를 들어보겠습니다.

성경 창세기의 첫 번째 문장의 단어들

"태초에 하나님이 천지를 창조하셨다⋯⋯"

(בְּרֵאשִׁית בָּרָא אֱלֹהִים אֵת⋯ : 버레이쉬트 바라 엘로힘 에트⋯)는 하나님께서 ⋯⋯

을 창조하시기 전에 히브리어 알파벳 첫 번째 문자 알레프(א)부터 마지막 문자 타브(ת)까지를 창조하셨다고 가르칩니다. 왜 그렇습니까? 창세기 1장 1절 앞부분을 히브리어 성경 순서 대로 번역하여 보겠습니다. "태초에 창조하였다 하나님이 에트(את)…"를 이 문장의 마지막 단어인 에트(את)는 히브리어 처음 문자 알레프(א)와 마지막 문자 타브(ת)로 이루어져 있기 때문입니다. 신약성경에서 예수님이 말씀하시기를 "나는 알파(A)요 오메가(Ω)니" 라는 구문과 연결 지어 생각해볼 수 있습니다. 예수님은 알파와 오메가만 된다는 말씀이 아니고 예수님은 모든 것, 처음부터 끝까지 다 되신다는 말씀입니다. 마찬가지로 알레프(א)와 타브(ת)는 처음과 마지막만을 가리키는 것이 아니라 모든 것을 말하는 것이지요. 그래서 유대인들은 이러한 가르침의 영향으로 알레프-베이트를 우주의 근본으로 여긴답니다.

유대인들의 기도문과 알레프 베이트

대부분의 유대인 기도문은 하나님과 알레프-베이트 문자들 사이에 나타나는 특별한 관계성에 주의를 집중 시킵니다. 어떤 기도문은 단어의 시작이나 문장의 시작이 히브리어 알레프-베이트 순으로 되어 있는데 이것을 '머리글자 모음기도문' 또는 "알파벳 기도문"이라고 부른답니다. 유대인들 모두에게 익숙한 기도문 대부분은 이러한 형식을 취하는데, 대표적으로 아슈레이(אַשְׁרֵי)기도문을 보시지요. 아슈레이 기도문의 첫 세 구절은 베이트(ב)를 가지고 시작하고 다음은 김멜(ג), 다음은 달레트(ד), 그리고 타브(ת)로 시작합니다. 이러한 형식을 취하는 평범한 기도문 한 구절을 봅시다 :

אֵל בָּרוּךְ גָּדוֹל דֵּעָה

엘 바루흐 그돌 데이아

하나님은 복이 있고 위대하시다

기도문의 각 단어를 주의 깊게 보시면 א(알레프), ב(베이트), ג(기멜), ד(달레트)로 시작하는 것을 볼 수 있지요. 히브리어로 된 기도문, 시, 노래 등에 아주 흔히 사용되고 있는 문학의 형태입니다.

만약 여러분이 히브리어 성경을 가지고 계시다면 시편 119편을 찾아보세요. 1-8절까지는 알레프(א)로, 9-16절은 베이트(ב)로, 17-24절은 기멜(ג)로, 마지막 169-176절까지는 마지막 문자인 타브(ת)로 시작하고 있는 것을 쉽게 알게 될 것입니다. 그래서 이 시편은 히브리어 알레프 베이트 22문자 모두가 사용되었기에 알파벳 시편이라고 부릅니다. 그리고 한 문자로 8절씩 쓰고 있기 때문에 22문자 곱하기 8절 하면 176절이 됩니다.

그러면 사람들은 묻습니다. 왜 기도문 저자들은 알레프-베이트 순서를 따르는 기도문을 썼습니까? 이 질문에 기도문 저자들은 한결 같이 답합니다. 하나님은 너무 위대하셔서 히브리어 첫 문자인 알레프에서 마지막 문자 타브까지의 모든 문자를 사용하여 하나님을 진심으로 의뢰하고 기도하고 찬양하며 잘 기억하게 하기 위하여 그와 같은 형태를 취하였다고 설명합니다. 다시 말해서 하나님을 믿는 사람들이 하나님께 예배하고 경배하기 위하여 그가 가진 모든 능력을 필요로 한다는 것입니다. 하나님을 향한 사랑을 표현할 수 있는 모든 문자를 다 사용해도 그 사랑을 표현할 수 없으며, 모든 능력을 총 동원해도 하나님의 사랑을 다 말할 수 없습니다.

특별한 의미를 가지는 히브리어 단어

만일 여러분이 알레프에서 타브까지 차례로 써 내려 가는데 어미형[1](5문자)을 포함해서 쓴다면 모두 27개의 문자를 쓰게 됩니다.[2] 218면에 있는

---

1) 히브리어는 22문자가 있으며 단어의 끝에 문자가 사용될 때 모양이 달라지는 문자가 다섯이 있습니다.
2) 218면에 있는 알파벳 표를 참고로 하여 써 보시기 바랍니다.

알파벳 표를 참고로 하여 써 보시기 바랍니다. 그때 써놓은 문자의 중간 문자를 찾으면 멤(מ)이 될 것입니다. 멤 앞에 13문자, 뒤에 13문자가 있습니다. 그러면 이제 알레프-베이트의 첫 번째 문자와 중간 문자와 마지막 문자를 연결해서 써보면 אֱמֶת(에메트)라는 단어가 되지요. 이 단어는 진리라는 뜻입니다. 진리는 처음과 과정과 마지막이 언제나 동일하여야 합니다. 히브리어 단어 에메트(진리)에 관하여 2장에서 좀 더 자세하게 설명할 것입니다. 하나님과 진리는 불가분리의 관계라는 것을 알게 될 것입니다.

마쉬아흐(מָשִׁיחַ : 메시야), 트필라(תְּפִלָּה : 기도) 역시 하나님과 분리되어질 수 없는 단어들이지요. 이러한 단어들의 의미를 통하여 하나님과 우리와의 관계 속에서 하나님은 어떠한 분이신가를 분명하게 알게 되고 하나님과 더 가까워지는 하나님의 사람들이 될 수 있습니다.

우리 책에서 설명하고 있는 용어들을 통하여 하나님의 본질에 관한 유대인의 사상과 철학을 알기 쉽게 소개하려고 노력하였습니다.

어떻게 하나님과 관계를 가질 수 있는지?
어떻게 믿음을 가질 수 있는지?

하나님과 하나님의 세계에 관하여 연구하는 유대인의 방법을 찾아보려고 노력하였습니다.

다시 말해서 이 책은 단순히 단어의 뜻을 풀이하는 것이 아니라 그 단어가 가지고 있는 사상과 철학을 찾아보려고 노력한 책이며, 그 사상과 철학을 활용하여 지혜로운 삶을 사는 방법을 찾고자 하는 것입니다.

이 책은 세 권으로 이어집니다. 제1권은 '하나님'에 관한 단어를 모아 보았으며, 제2권에서는 '토라' 즉, '성경'과 관련되는 중요 단어들을 연구하여 성경의 지혜, 사상, 철학을 배움으로써 믿음의 풍요로운 삶을 살 수 있도록 하고자 합니다. 그리고 제3권에서는 선택받은 민족인 '이스라엘'과 그들의 땅인 '이스라엘' 그리고 그들의 국가 '이스라엘'과 연관되는 단어들을 찾아 연구하므로써 유대인 공동체의 신앙과 철학과 지혜를 배워 보고자 하는 것입니다.

감사합니다.

편집부

GRATITUDE
감사의 글

　유대인들은 자녀들에게 이야기를 통하여 하나님을 가르치며, 토라(성경)를 가르칠 뿐만 아니라 이스라엘 민족과 나라와 백성을 가르칩니다. 유대인들이 2세들에게 가장 먼저 가르치는 것이 '하나님'이기에 '유대인이 자녀들에게 들려주는 이야기'라는 이름으로 '하나님'을 가르치는 책을 출판하여 7판을 내고 개정판을 낼 수 있도록 도와주신 하나님께 큰 감사를 드립니다.

　이제 유대인들이 자녀들에게 들려주는 이야기 두 번째 책으로 '유대인이 자녀들에게 들려주는 토라이야기'를 출판할 수 있도록 길을 열어 주신 하나님께 무한한 감사를 올려드립니다. 유대인들이 자녀들에게 들려주는 토라이야기는 성경과 미드라쉬 하프타라등 성경과 관련된 문헌과 관습 그리고 전통이 가지는 의미와 그것들이 담고 있는 간략한 내용을 가르치는 이야기책입니다. 유대인들은 자녀들에게 토라 이야기를 들려주면서 하나님 말씀의 의미와 말씀을 따르는 삶을 가르치기 위하여 부단히 노력합니다. 독자 여러분도 이 이야기를 읽으면서 토라의 의미와 토라를 따르는 삶이 어떤 것인지 알아가는 시간이 되었으면 좋겠습니다.

　자녀들에게 들려주는 토라 이야기책이 세상에 나오기 까지 도와주신 여러분께 지면을 빌려 감사드립니다. 책의 출판을 맡아 주신 도서출판 더

하임의 김정희 사장님과 이정화 이사님께 감사드리며, 히브리어를 꼼꼼하게 입력해 준 송은영 전도사님 그리고 반복해서 읽고 교정하고 수정하여 준 이좌신 목사님과 최지연 목사님, 김현진 전도사님, 황지현 선생님과 디자인과 편집을 맡아 수고해 주신 참 디자인 강인구 실장님과 직원 여러분께 감사드립니다.

그리고 항상 옆에서 격려하며 물심양면으로 지원해주는 정관창 목사님과 늘 가장 가까이에서 용기를 주며 격려와 기도로 힘을 실어 준 나의 사랑하는 아내 정숙과 아들 보안이, 며느리 래진과 언제나 나에게 웃음을 선사해 주는 손자 요셉에게 감사드립니다.

언제나 변함없이 내 곁에 계시는 하나님께 다시 한 번 감사드리며, 1권을 읽고 2권을 기다려 주신 독자 여러분이 하나님과 성경을 닮아 가는 길에 조금이나마 도움이 되었으면 하는 마음으로 이 책을 세상에 내 보냅니다.
감사합니다.

역자 변 순 복

들어가며

토라와 히브리어

우리가 학교에 가서 가장 먼저 배운 것은 무엇입니까? 우리는 히브리어의 문자 알레프와 베이트를 가장 먼저 배우게 될 것입니다. 선생님은 여러분이 중학교에 들어갈 나이가 되면 히브리어로 '토라(성경)'를 읽을 수 있기를 바라며 히브리어를 가르쳐 주었을 것입니다.

우리가 읽고 있는 본서의 '주제'는 바로 우리가 평생 배워야할 '토라'입니다. 그러므로 본서는 토라에 나오는 다양한 주제들을 히브리어 알파벳 순서대로, 즉 알레프부터 타브까지 순서대로 정리하였습니다.

여러분이 유치원에 입학하여 처음 배워서 아는 것처럼, 히브리어 알파벳은 22개의 문자로 구성됩니다. 그리고 다른 언어와 조금 다르게 문자가 단어의 마지막에 올 때 모양이 달라지는 문자가 다섯 개 있습니다.

우리가 잘 알고 있는 것처럼 마지막에 올 때 모양이 달라지는 문자는 '카프', '멤', '눈', '페이', '짜디'입니다. 원래 22개의 문자와 마지막에 올 때 모양이 달라지는 문자 다섯을 합하면, 모두 스물일곱 개의 알파벳이 되는 셈이지요. 하지만 모양을 다르게 쓰는 것뿐이지 다른 문자는 아닙니다. 그래서 우리가 히브리어 문자를 처음 공부할 때 배워야할 문자는 27문자입니다.

이 27개의 히브리어 문자를 처음부터 끝까지 다 써 보세요. 아니면 그런 책이 있으면 펴 보세요. 첫 번째 알파벳의 이름은 '알레프'이고, 마지막

27번째에 자리한 알파벳의 이름은 '타브'입니다. 자 그러면 '알레프'에서 '타브'까지 가는 길에, 딱 중간에 있는 알파벳의 이름은 무엇인가요? 다시 말해서 14번째 자리에 있는 문자는 무엇인가요?

앞으로 13개 뒤로 13개를 가지고 딱 중간에 있는 알파벳은 바로 '멤'이라는 이름을 가진 문자입니다. 첫 번째 문자는 '알레프(א)', 정 중앙인 14번째 문자는 '멤(מ)'이고, 마지막 27번째 문자는 '타브(ת)' 입니다. 이제 이 세 문자를 나란히 써 보세요. 아주 중요한 단어가 만들어 지는 것을 알게 될 것입니다.

히브리어 알파벳 가운데 이 세 문자를 차례대로 쓰면, '진리'를 뜻하는 단어 '에메트(אֱמֶת)'가 됩니다. 히브리어는 오른쪽에서 왼쪽으로 쓴다는 것을 아시고 '진리'를 가르치는 히브리어 단어 에메트(אֱמֶת)를 보셔야합니다.

그리고 우리는 하나님의 말씀을 '진리의 토라'라고 부릅니다. 하나님께서 시내산에서 우리 조상인 모세에게 토라를 주신 후에, 사람들은 이 토라에서 진리를 찾기 위해 열심히 공부해왔습니다. 여러분도 이제 본서를 읽으면서 아가다, 미드라쉬, 탈무드를 공부하게 될 텐데, 이 모든 것들이 토라에 숨어있는 진리를 밝히기 위하여 공부하는 과정입니다.

우리 조상들이 하나님께 받은 '진리의 토라' 즉 성경의 첫 번째 부분인 오경에는 열 마디 말씀(십계명)이 들어있습니다. 성경을 펴서 출애굽기 20:2에 나오는 열 마디 말씀의 시작을 보시면, 진리를 가르치는 히브리어 단어의 첫 번째 문자 알레프(א)로 시작하는 것을 알 수 있으며, 우리가 성경 다음으로 읽는 제 2경전인 미쉬나는 히브리어 진리를 가르치는 단어의 두 번째 문자인 멤(מ)으로 시작합니다.

그리고 미쉬나를 본문으로 하여 토론한 것을 게마라라 부르는데, 이 게마라는 진리를 가르치는 단어의 세 번째 문자인 타브(ת)로 시작합니다. 그러므로 십계명의 시작인 알레프와 미쉬나의 시작인 멤과 게마라의 시작인 타브를 나란히 쓰면, 그 또한 진리를 가르치는 히브리어 단어 '에메트(אֱמֶת)'가 되는 것을 알 수 있습니다.

토라의 첫 번째 책인 창세기에 나오는 창조 기사 또한 우리에게 진리에 관해 알려주고 있는 것을 알 수 있습니다. 창세기 1:1의 처음 세 단어를 히브리어 성경순서대로 읽으면, '태초에 창조하시니라 하나님이'(בְּרֵאשִׁית בָּרָא אֱלֹהִים, 버레이쉬트 바라 엘로힘)입니다.

이 세 단어의 마지막 문자는 각각 타브, 알레프, 멤입니다. 이 문자들은 '진리'라는 히브리어 단어 '에메트'를 이루는 문자들이지요. 하지만 순서가 다른 것을 알 수 있습니다. 그러면 창조를 마치는 장면을 설명하는 성경구절을 읽어보면 놀라운 것을 발견할 수 있습니다.

하나님께서 세상을 만드신 지 여섯째 날 다음 날이 안식일인데 안식일이 오기 바로 전에, 하나님께서 창조를 끝내시고 다음과 같이 말하신 후, 일곱째 날 안식 하셨다 합니다.

'하나님께서 창조하시며 만드시던 것을(בָּרָא אֱלֹהִים לַעֲשׂוֹת)'

위 구절의 각 단어의 마지막 글자를 보면 바로 '알레프', '멤', '타브', 즉 '진리'가 됩니다. 창조를 시작할 때 진리를 가리키는 단어의 문자 순서가 엉켜 있었는데, 지금 창조를 마치는 장면을 보시면 진리를 가르치는 히브리어 문자가 제 자리를 찾은 것을 볼 수 있습니다. 바로 이 진리는 토라 전체에서 여러 가지 모습으로 나타납니다. 이제 우리는 성경을 통하여 나타나는 진리의 다양한 모습을 공부할 것입니다.

그리고 창조의 마지막에 '하나님께서 창조하시던'이라고 말한 것은 무슨 의미인가요? 아마도 아직 하나님께서 세상을 완성하지 않으셨다는 의미가 아니겠습니까? 하나님께서 우리의 역할을 가르쳐주는 구문이라 생각합니다. 창조의 마지막 구절이 가르치는 우리의 역할은 하나님께서 만드시던 세상을 완성시키는 사역일 것입니다.

여러분은 히브리어 알파벳 뿐만 아니라 문자가 가지는 철학적 의미까지 공부하는 것이 좋습니다.

제1장

אַגָּדָה

AGGADAH

아가다

아가다는 히브리어로 '이야기', 또는 '이야기를 말하다'는 의미로, 과학에서 우화까지, 철학에서 성경과 역사 속에 나오는 다양한 사건과 인물에 이르기까지 매우 폭 넓은 주제를 다루고 있습니다.

'아가다'는 히브리어로 '하가다', 즉 유월절 이야기라는 히브리어 단어에서 나온 말입니다.

직접 확인해 보세요

랍비 아바후와 랍비 히야 이야기는 탈무드 소타 40a에서 읽을 수 있습니다.

또한 탈무드 산헤드린 39a를 읽어 보면, 라반 가말리엘이 하나님을 어느정도 신뢰하고 살았는지 알 수 있습니다.

유명한 랍비 두 사람, 아바후와 히야가 한 마을에서 같은 날, 같은 시간에 설교하게 되었습니다. 아바후는 아가다를 주제로 설교했으며, 히야는 유대교인들이 지키는 법전인 할라카를 주제로 설교 하였습니다. 아가다를 설교하는 교실에는 수많은 사람들이 참석하여 아바후의 설교를 들었지만, 랍비 히야가 설교하는 교실에는 몇몇 학자들만이 참석 하였습니다.

설교가 끝나고, 랍비 두 사람이 서로 만나 이야기를 나누었습니다. 히야는 많은 사람들이 아바후의 설교를 듣기 위하여 그의 교실로 모여 들었는데, 자기가 설교하는 교실에는 소수의 사람이 온 것을 생각하며 실망하고 있었습니다. 아바후는 풀이 죽어 있는 히야를 위로하기 위해 이렇게 말했습니다.

> "할라카는 지식과 학식을 겸비한 학자들이 관심을 가지고 연구하는 주제이지만, 아가다는 지식이 없어도 이해할 수 있는 주제이기 때문에 많은 사람들이 관심을 가진 답니다. 할라카를 설교하는 것은 마치 귀한 보석을 파는 상인과 같습니다. 보석의 가치를 알아보고 필요로 하는 사람은 그리 많지 않습니다. 하지만 아가다에 관한 설교는 값싼 신발을 파는 상인과 같아서 대부분의 사람들이 필요로 하는 신발처럼 많은 사람들이 관심을 보입니다."

본 장에서 우리는, 우리가 이 세상에서 만나는 매우 어려운 질문과 복잡한 물음에 대하여 위대한 랍비들이 어떻게 쉬운 말로 풀어서 설명하는지 배우게 될 것입니다.

먼저 우리는 우리가 잘 알고 있는 랍비 가말리엘의 가르침을 통해 '우리가 하나님을 믿는 믿음'에 대하여 배울 것입니다. 그리고 두 번째 이야기로부터 우리는 베루리아와 그녀의 남편인 랍비 마이어가 가르치는 '죽음'에 대해서 공부할 것입니다.

이 두 이야기는 모두 아가다의 전설적인 이야기들 중 유명한 이야기로 많은 사람들이 읽고 감명을 받습니다.

⭐ 우리가 새롭게 배우게 될 교훈

1. 아가다는 우리가 하나님을 찾는 곳이라면 그 장소가 어디든지 하나님은 그 곳에서 우리를 기다리고 계시며 우리를 만나 함께 하신다고 가르칩니다.
2. 우리는 아가다의 가르침을 통해 '삶'과 '죽음'의 의미를 분명하게 배울 수 있을 것입니다.

아가다와 하나님

유대인이 아닌 한 사람이 랍비 여호수아 벤 카르하에게 찾아와 물었습니다.

"하나님께서 떨기나무 속에서 모세에게 말씀하신 이유가 무엇입니까?"

그 질문을 받은 여호수아가 즉시 이렇게 답하였습니다.

"하나님이 어디서 말씀하시든, 그 장소는 중요하지 않다고, 제가 말해도 저에게 똑같은 질문을 하시겠지요? 저는 아무래도 좋습니다. 답을 드리지요. 하나님께서 떨기나무 속에서 모세에게 말씀하신 이유는, 하나님께서는 어디에나 계신다는 것, 심지어 떨기나무 속에도 계시다는 것을 분명하게 가르쳐 주시기 위한 것입니다."

아가다가 우리에게 가르치는 것처럼 유대교 교리를 변호한 사람은 랍비 여호수아 뿐 만이 아닙니다.

다음 글을 읽고 질문에 스스로 답해 보세요.

라반 가말리엘은 어떻게 하나님을 변론해 왔는지요?

라반 가말리엘의 변증

라반 가말리엘은 산헤드린이라 불리는 유대교 최고 위원회의 의장이었습니다. 이처럼 중요한 직임을 맡은 랍비를 '우리의 랍비'라는 이름으로 '라반'이라고 부릅니다.

어느 날 한 사람이 라반 가말리엘에게 와서 물었습니다.

"당신 유대인들이 읽는 성경 가운데 시편을 읽어보면, 토라를 공부하는 곳이라면 그 장소가 어디든 하나님께서 함께 하신다 합니다. 그것은 말이 안 되지 않습니까? 어떻게 하나님께서 동시에 여러 장소에 있으실 수 있습니까?"

가말리엘은 이 질문에 직접 대답하지 않았습니다. 대신 그 이방인의 종을 불러 창문을 열어 달라 했습니다. 종이 창문을 열자, 가말리엘은 그 종의 목을 가볍게 두드리며 다음과 같이 말했다 합니다.

"여보시오! 왜 당신은 태양의 빛이 우리 집안으로 들어 오게 하였습니까?"

그러자 그 종은 어처구니 없다는 듯이 말했습니다.

"태양은 어디에나 빛을 비추기 때문에 저절로 들어온 것이지 내가 그 빛을 들어오게 한 것은 아닙니다."

가말리엘은 그 종의 대답을 듣고 아까 질문을 던졌던 그 이방인을 향하여 말했습니다.

"저를 대신해서 당신의 종이 당신의 질문에 답을 주었습니다. 하나님을 섬기는 종들 가운데 하나일 뿐인 태양조차 어디에나 있을 수 있다면, 온 세상의 주인이신 하나님은 어디에나 계실 수 있지 않겠습니까?"

또 다른 어느 날 가말리엘은 누군가로부터 다음과 같은 질문을 받았습니다.

"당신들이 믿는 하나님은 순 도둑입니다. 창세기에 보면 하나님은 아담으로 하여금 깊은 잠을 자게 하시고 그의 갈비뼈를 취하여 여자를 만드셨다 하지 않소."

그 때 옆에서 그들이 대화하는 것을 가만히 듣고 있던 그의 딸이 일어나 아빠에게 이렇게 물어 보았습니다.

"아빠, 한밤중에 도둑이 우리 집에 찾아와서 은잔을 훔쳐가고 대신 금으로 된 잔을 놓고 갔습니다. 아버지 그 도둑을 빨리 잡아 주세요."

랍비 대신 아버지가 그 딸에게 대답 하였습니다.

"애야, 그런 도둑을 잡을 필요가 있니? 그런 도둑이라면 우리 집에 매일 밤 왔으면 좋겠다."

딸이 그 아버지에 말하였습니다.

"아빠! 방금 아빠가 랍비에게 물은 질문의 답이 그거예요. 아빠가 말하셨지요. 은잔을 가져가고 그 자리에 금잔을 두고 간다면 얼마나 좋겠니, 그런 도둑이라면 매일 와도 좋겠다 하셨지요. 갈비뼈를 도둑맞은 그 남자도 갈비뼈를 하나 가져가고 아름다운 여인을 데려다 아내로 두고 갔으니 그 남자는 얼마나 좋아 했을까요 아버지?"

랍비시대에 사용하던 기름 램프입니다.
2000년이 넘은 것으로 적갈색 점토로 만들어진 것으로 등잔과 같은 것입니다.

❶ 한 번 더 생각해 봅시다

1. 하나님께서 어디에나 계시다는 것에 대해 아가다는 어떻게 가르치고 있나요?
2. 아담의 몸이 귀하다는 것을 아가다는 어떻게 설명하고 있나요?
3. 아가다의 두 이야기 중 하나님의 능력에 대해 더욱 분명하게 말하고 있는 이야기는 무엇이라고 생각하나요? 왜 그렇게 생각하나요?

애도에 대하여

우리가 사는 이 세상에는 답하기 힘든 질문, 이해할 수 없는 물음들이 많이 있습니다. 아가다는 이처럼 어려운 질문들에 대하여 유대교인이 답을 줄 수 있도록 도와주는 가르침이 많이 있습니다. 특히 삶과 죽음의 의미는 가장 어려운 질문들 중 하나이지요.

다음 아가다를 읽고 아래 질문에 스스로 답해 보세요.

왜 베루리아는 오래전에 자기가 맡은 보물을 주인에게 돌려 주어야 한다고 남편에게 이야기했을까요?

베루리아는 랍비 마이어를 어떻게 위로 했나요?

어느 안식일 오후였습니다.

평소대로 랍비 마이어는 회당에서 토라공부를 가르치고 연구하고 있었습니다. 하지만 그가 공부하고 있는 동안 그의 집에는 매우 불행한 일이 일어 났습니다. 바로 그가 사랑하는 두 아들이 갑자기 죽었습니다.

두 아이의 어머니인 베루리아는 천을 펼쳐 죽은 두 아들을 덮어 두고, 그 방에서 혼자 울며 오후를 매우 슬프게 보냈습니다.

저녁을 준비할 시간이 되자 그녀는 마음을 가다듬었습니다. 남편이 토라연구를 마치고 집으로 돌아오면 이 슬픈 소식을 남편에게 말해주어야 했기 때문입니다.

밤하늘에 별이 세 개 정도 보일 때 즈음, 랍비 마이어가 회당에서 집으로 돌아왔습니다. 그는 집을 들어서면서 부인 베루리아를 포옹하며 두 아들은 왜 나오지 않느냐고 물었습니다.

부인은 남편에게 아주 짧게 대답였습니다.

"아들들은 토라공부 하러 갔어요."

남편이 대답하였습니다.

"이상하네요. 회당에서 애들을 못 본 것 같은데요."

그러자 베루리아가 남편에게 양초와 향료를 담은 상자와 포도주 잔을 건넸습니다. 이 물건들은 랍비 마이어가 안식일 저녁에 안식일을 보내는 예배의식인 하브달라 예식 때에 사용하는 것들입니다.

이 물건들을 본 마이어는 아내에게 다시 물었습니다.

"우리 애들, 어디로 갔어요?"

부인이 남편에게 말했습니다.

"우리 집에 잠깐 들렀다가 다시 자기 집으로 돌아 갔답니다."

하브달라 의식을 마치고 베루리아는 남편을 데리고 식탁으로 갔습니다. 그 식탁은 마이어가 식사 때마다 축복기도를 하던 곳이었습니다. 저녁을 먹으며 그녀는 남편에게 이렇게 말했습니다.

"여보, 물어볼 게 있어요. 얼마 전, 한 사람이 와서 제게 아주 귀중한 보물을 맡아 달라고 했지요. 그런데 그 사람이 오늘 나에게 다시 찾아와서 자기가 나에게 맡겨 놓은 그 보물들을 돌려 달라고 하더군요. 제가 어떻게 했어야 할까요?"

마이어는 답했습니다.

"마음에도 없는 질문을 하시네요. 당연히 원래 주인에게 보물을 돌려 주어야지요."

그러자 베루리아는 남편의 손을 잡고 아이들을 눕혀 놓은 방으로 데려 갔습니다. 아이들을 덮은 천을 들추자 그제 서야 아이들의 죽음을 확인한 마이어는 울기 시작했습니다.

베루리아는 죽은 아들 둘을 빌려온 값진 보물에 비유하여 남편에게 설명했다.

베루리아는 그를 포옹하고 이렇게 말해 주었다고 합니다.

"보물을 맡긴 사람에게 다시 돌려 주어야 한다고 당신이 말하지 않았던가요? 하쉠임께서 주셨으니, 하쉠임께서 데려가신 거예요. 주님의 이름을 높입니다."

❗ 한 번 더 생각해 봅시다

1. 베루리아는 그녀의 아들들을 (a)햇빛 (b)떨기나무 (c)맡은 보물 가운데 무엇에 비유하여 설명 하였습니까?
2. 사람이 하나님으로부터 보물을 맡았다는 아가다의 이야기는 무슨 뜻일까요?
3. 유대인들이 복잡하고 어려운 질문들에 답할 때 이야기를 사용하는 이유는 무엇인가요?

제2장

הֲלָכָה

HALACHAH

할라카

　유대인들은 자신들이 간직하고 있는 귀중한 '유대교의 법'을 '할라카'라는 이름으로 부릅니다. 바로 이 법이 유대교를 다른 종교들과 구별시켜 준다합니다. 유대교의 법, '할라카'는 토라에 기반을 두고 있지만 유대인의 삶의 환경에 따라서 계속 변하고 있습니다.

　유대인 학자들은 '할라카'는 히브리어 동사 '할라크', '걷다'라는 단어로부터 파생 되었다고 말합니다. 그러므로 '할라카'는 유대인들이 걸어야할 길을 안내 해주는 나침판이라고 유대인 교사들은 가르칩니다.

유대인들은 말합니다. '할라카는 우리가 가야할 길을 안내해 줍니다.'

한 어린이가 토라 두루마리를 유심히 들여다 보고 있습니다.

히브리어로 토라를 읽다보면 아주 특이한 것을 몇 가지 발견 할 수 있습니다. 어떤 문자는 왕관을 가지고 있으며, 어떤 문자는 크기가 다른 문자보다 크기도 하고, 어떤 문자는 다른 문자보다 작은 것을 볼 수 있습니다. 특별히 히브리어 알파벳 중 열 세 개의 알파벳이 토라에 나올 때마다 그 위에 왕관을 쓰고 나오는 것을 볼 수 있습니다.

그 가운데 일곱 개의 알파벳(ש ע ט נ ג צ)은 세 개의 뿔이 달린 왕관을 쓰고 나옵니다. 나머지 여섯 개의 알파벳(ה י ח כ ד ב)은 하나의 뿔이 달린 왕관을 쓰고 있습니다.

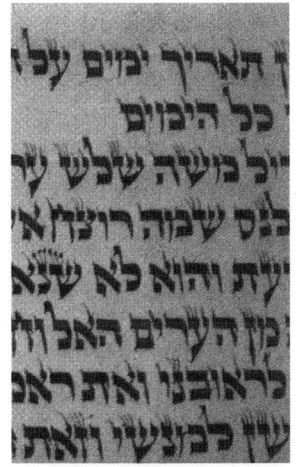

위 사진에서 왕관을 쓴 알파벳이 몇 개나 되는지 세어 보세요.

유대인이 가지고 있는 전설에 의하면, 모세가 시내산 꼭대기에 올라가 토라를 받을 때, 하나님께서 이 문자들에게 왕관을 주셨다 합니다. 그때 모세는 하나님께 물었습니다.

"왜 이 문자들에게 관을 씌워주시는 것입니까?"

하나님께서는 이렇게 대답 하셨다고 기록하고 있습니다.

"네 이후로 많은 세대가 일어날 것인데, 그 세대 중 한 사람이 일어나 '할라카'를 가르치기 위해 내가 내린 왕관들을 공부할 것이다."

모세가 말했습니다.

"그 사람이 누구인지 알려주세요."

그러자 하나님께서는 모세에게 다음과 같은 장면을 보여 주셨습니다. 그 곳은 많은 학자들이 모여서 토라를 토론하고 있는 회당이었습니다.

모세는 아홉 번째 줄 끝에 앉아서 학자들이 토론하고 있는 것을 주의를 기울여 들어 보았습니다만, 그들이 무엇에 관하여 이야기하고 있는지조차 이해할 수 없었습니다.

무엇을 토론하는지 모르지만 모세는 포기하지 않고 그들의 토론을 계속하여 듣고 있는데, 랍비 아키바가 한 젊은 학자에게, 자신이 어떻게 이러한 결론을 내리게 되었는지를 설명하는 말을 듣게 되었는데, 그는 모세가 깜짝 놀랄만한 결론의 말을 말하였습니다.

"이 할라카는 시내 산에서 모세를 통하여 우리에게 내려온 것이네."

모세는 자신의 이름이 들려지자 아주 기뻤습니다. 그러나 모세는 어리둥절 해졌습니다. 왜냐하면 랍비 아키바가 모세 자신이 말했던 토라를 기반으로 '할라카'에 대해 해석했지만, 모세는 이를 전혀 이해할 수 없었기 때문입니다.

그러나 랍비 아키바의 해석이 유대인 삶의 기본적인 규칙을 바꾸는 것임을 모세는 이해할 수 있었습니다. 랍비 아키바는 토라의 원리를 바르게 알고 있다는 것을 모세는 이해한 것입니다.

> "만일 토라가 유대인 삶의 길을 인도하는 것이라면, 토라를 근본으로 한 '할라카' 또한 변화를 받아들여야 한다는 것입니다."

토라 알파벳에 씌운 왕관에 대한 생각은 조금 과장이 섞였을지도 모릅니다. 그러나 이 전설은 우리에게 토라 해석이 시대에 따라 변해야 한다는 것을 강조하는 매우 중요한 이야기입니다.

본 장에서, 우리는 할라카가 토라의 계명들을 지킬 수 있도록 돕는 유대인들의 도우미라는 사실을 배우게 될 것입니다. 더 나아가 토라는 하나님께서 주신 것이므로, 할라카는 가능한 한 민주적인 방법으로 사람들에 의해 정해진다는 것 또한 배울 것입니다.

⭐ 우리가 새롭게 배우게 될 교훈

1. 할라카는 유대인들이 토라의 계명들을 어떻게 지켜야하는지에 관하여 자세히 설명해 주는 역할을 합니다.

이런 이야기를 들어보셨나요?

보통 기독교인들은 역사를 기록할 때 연대의 기준을 예수님이 탄생한 해(year)로 봅니다. 그래서 예수님이 오시기 전의 연대를 B.C(Before Christ)로 쓰지만, 유대 역사가들은 예수님을 기준으로 삼지 않기 때문에 일반연대 전 연대라는 말로, B.C.E(Before the Common Era)를 사용합니다. 마찬가지로 예수님 오신 이후의 연대를 A.D(Anno Domini, 라틴어로 '우리 주의 해')로 표시하는데 반하여 유대인들은 일반 연대라는 의미를 가진 C.E(Common Era)를 사용합니다. 이러한 방식으로 유대인들은 기독교에서 사용하는 달력과 다른 용어를 사용합니다. 왜냐하면 유대인들은 '예수님'을 '그리스도'로 믿지 않기 때문입니다. '그리스도'라는 그리스어는 히브리어로 '메시아'를 뜻하기 때문입니다.

2. 할라카는 모든 세대를 위해 준비된 유대인이 걸어 가야할 삶의 길이요 나침판입니다.

'할라카'는 '순종의 방법'을 자세히 알려 줍니다

대 속죄일에 관한 토라의 말씀을 읽어보면 금식하라는 말을 찾을 수 없습니다. 아주 간단하게 이렇게 말씀하고 있을 뿐입니다.

"너희는 스스로의 영혼을 괴롭게 할지니라."

유대인들은 말합니다. 우리에게 할라카가 없었더라면, 사람들은 이 구절을 각자 자기 마음대로 해석했을 것입니다.

예를 들면, 피가 나도록 내 몸에 채찍질을 해야 한다고 해석 한다던가, 어떤 도구를 사용하여 자신의 몸을 학대 하든지 말입니다. 그러나 할라카가 우리에게 이 말씀의 의미를 가르쳐 주기 때문에 우리는 대 속죄일을 바르게 지킬 수 있습니다.

할라카가 대 속죄일을 지키는 법에 대해 어떻게 설명 하는지를 읽어보고, 다음의 질문에 답해 보세요.

전 세계에 흩어져 사는 유대인들은 어떻게 그들이 사는 다양한 나라에서 토라의 계명을 똑같은 방식으로 지킬 수 있는 걸까요?

대 속죄일 계명에 관한 할라카

할라카는 "너희는 스스로의 영혼을 괴롭게 할지니라"라는 말씀을 통해 우리의 욕구를 제어하는 방법에 대해 말하고 있습니다.

음식을 구별 합니다 할라카는 바르 미쯔바(남자 성인식, 남자 13세)와 바트 미쯔바(여자 성인식, 여자 12세)의 계명을 지킨 남자와 여자는, 대 속죄일날 해가 질 때부터 그 다음날 해질 때까지 금식해야 한다고 합니다. 그러나 아픈 사람이나 임신한 여인은 금식을 하지 않아도 됩니다.

몸을 씻지 않습니다 할라카에 따르면, 자신의 몸을 깨끗하게 씻음으로 인하여 오는 기쁨과 만족을 위해 몸을 씻는 것은 대 속죄일에는 금지됩니다. 환자의 경우 몸을 씻지 않으면 안 되는 경우, 건강을 위해 몸을 씻는 것은 허용됩니다.

기름을 바르지 않습니다 할라카는 대 속죄일에 '스스로의 영혼을 괴롭게 하는' 또 다른 방법에 대해서도 가르치고 있습니다. 바로 일반적인 사람들이 사용하는 기름이나 향수를 멀리하는 것입니다. 몸에 기름이나 향수를 바르지 않습니다.

가죽 신발을 신지 않습니다 할라카는 대 속죄일에 가죽 신발을 신는 것을 금하고 있는데, 이는 대 속죄일이 다른 사람들뿐만 아니라, 동물들 또한 보호하고 돌보아야 한다는 사실을 기억하기에 좋은 날이기 때문입니다.

그리고 할라카는 스스로를 어떻게 괴롭힐지 그 방법을 고민하는 데에 시간을 쏟으면 안 된다고 분명히 가르치고 있습니다. 그보다는 평소에 자연스럽게 했던 일들을 금하고 스스로 더 좋은 사람이 되는 데에 집중해야 합니다.

ⓘ 한 번 더 생각해 봅시다

1. 할라카에서 말하는, 대 속죄일에 우리 스스로의 영혼을 괴롭히라는 계명을 따르는 네 가지 방법은 무엇인가요? 그리고 이 네 가지 방법

의 공통점은 무엇인가요?
2. 할라카는 어떻게 여러 나라에 흩어져 사는 유대인들의 서로 다른 생활 방식을 하나로 만들어주고 있나요?

하늘에는 할라카가 없습니다

아가다에 따르면, 모세는 하나님께 '모든 할라카에 있는 하나의 진리, 최고의 진리를 알려주십시오.'라고 간청했다고 합니다. 그러자 하나님께서는 이렇게 말씀 하셨습니다.

'할라카에 최고의 진리는 없다. 모든 세대가 각자 자기만의 진리를 가지고 있으며, 그 진리는 학자들의 합의를 통해 결정된다.'

이 이야기는 할라카를 결정하는 학자들의 합의가 어떤 힘을 가지고 있는지를 보여주고 있습니다. 그러면 여러분은 다음의 질문을 읽고 스스로 답해 보세요.

사람들이 민주적인 방법을 통해 할라카를 결정한다면, 그 결정이 주는 장점은 무엇이 있습니까?

토라를 해석하는 것은 사람입니다

어느 날, 랍비들이 할라카에 대해 논쟁을 벌이게 되었습니다. 랍비 엘라이저는 자기주장을 다른 랍비들에게 설득시키기 위해 토론하였습니다. 그러나 랍비들은 그의 말에 토를 달며 계속하여 반대의 의견을 제시하였습니다. 그러자 엘라이저는 자연의 힘을 근거로 자신의 주장이 옳다는 것을 뒷받침 하기로 생각하고 다음과 같이 말하기 시작했습니다.

"만약 내 말이 옳다면 저 나무가 옆으로 100미터 옮겨질 것입니다."

그러자 실제로 나무가 옮겨졌습니다. 그럼에도 다른 랍비들은 그의 말에 동의하지 않았습니다.

"나무가 옮겨졌다고 해서 당신이 맞다고 말할 수 없습니다. 그것이 증거가 될 수는 없습니다!"

랍비 엘라이저는 다시 한 번 자연의 힘을 자신의 주장을 위해 사용했습니다.

"만약 이 할라카에 대한 내 설명이 맞다면, 우리 학당 바깥에 흐르는 물줄기가 거꾸로 흐를 것이오."

학자들이 창밖을 내다보니 물줄기가 거꾸로 흐르고 있었습니다. 그럼에도 다른 랍비들은 그의 말에 동의하지 못하였습니다.

"하나님이 만드신 물줄기가 하나님의 말씀의 증거가 될 수는 없소!"

그들의 반대에 굴복하지 않으려고 랍비 엘라이저는 세 번째 자연의 힘을 사용하였습니다.

"나의 해석이 맞는지 이 학당의 벽이 증명해 보여 줄 것이오."

그러자 학당의 벽이 무너지기 시작했습니다.

이 때 랍비 여호수아가 엄한 목소리로 벽에게 말했습니다.

"학자들이 이 할라카에 동의하지 않는데, 벽아 네가 어찌 무너질 수 있느냐?"

그러자 벽은 랍비 여호수아와 랍비 엘라이저의 말 모두를 존중하여 무너지긴 하였는데, 완전히 무너지지는 않았다고 기록하고 있습니다. 두 랍비 모두 중요한 사람들이었으나 할라카에 대한 접근 방법은 차이가 있었던 것입니다.

랍비들이 모여서 성경을 토론할 때 교실 벽이 무너지는 기적을 일어나게 하는 사람이 말했다고 해서 그 말이 옳은 것은 아니라고 랍비들은 말한다.

직접 확인해 보세요

랍비들의 합의가 하나님을 이겼다는 할라카에 대한 논쟁은 탈무드 바바 메치아(Baba Metzia) 59a–b에 나옵니다.

'네 영혼을 괴롭게 하라'는 대 속죄일의 계명은 레위기 23장 27절에 나옵니다. 이 구절의 영어 번역은 번역본에 따라 다른데, 최근에 나온 이 구절의 영어 번역은 '자기를 부정 할 지니라'(you shall practice self-denial)'라고 합니다.

랍비 엘리아저는 이 문제를 해결하기 위해 하늘에 직접 말했습니다.

"이 할라카에 대한 나의 주장이 맞는지 하늘에서 직접 증명해 주십시오!"

랍비 엘리아저의 말이 마치자, 하늘에서 그의 말에 반대하던 다른 랍비들을 향해 음성이 들려왔습니다.

"너희는 왜 랍비 엘리아저와 논쟁을 벌이는가? 할라카에 대한 그의 견해가 맞다."

여러분은 하늘에서 직접 음성이 들려왔으니 이제 논쟁이 완전히 끝났을 것이라고 생각하시나요? 아닙니다. 여전히 다른 랍비들은 그의 의견에 반대 했고, 그들은 일어나면서 이렇게 말했습니다.

"하늘의 목소리에 귀를 기울일 필요는 없소. 하늘에는 토라가 없습니다. 이미 시내산에서 우리에게 주어진 것이란 말입니다. 토라에도 많은 이들의 의견으로 결정하라고 말하고 있지 않습니까? 랍비 엘리아저의 의견은 소수일 뿐입니다."

이 일이 있은 후에 논쟁을 벌이던 랍비들 중 한 사람이 엘리야 선지자를 만나 이 일에 대해 물어 보았습니다.

"우리가 하늘에서 내려온 목소리를 따르기를 거부했습니다. 그때 하나님께서는 어떻게 하셨습니까?"

엘리야 선지자가 대답했습니다.

"하나님께서는 기쁘게 웃으시며 말씀 하셨답니다. '내 자녀들이 나를 이겼구나.'"

이 아가다를 통해 우리는 토라 학자들이 기적이 아닌 민주적인 방법으로 하가다를 결정할 때 하나님께서 기뻐하신다는 사실을 배울 수 있습니다.

제2장 할라카 **35**

❗ 한 번 더 생각해 봅시다

1. 하늘에서 랍비 엘리에저의 말이 맞다는 음성을 들었음에도 불구하고, 다른 랍비들이 그의 의견에 동의하지 않은 이유는 무엇이었나요?
2. 하나님께서 "내 자녀들이 나를 이겼구나"라고 하셨을 때, 그 말씀의 뜻은 무엇일까요?

제3장

הַפְטָרָה

HAFTARAH

하프타라

'하프타라'는 선지서(히브리어로 너비임)에 나오는 말씀들을, 54주로 나누어 읽도록 구분되어 있는 토라 부분의 주제와 연결시켜 놓은 말씀입니다. 다시 말해서 안식일과 특별한 기념일에 읽는 토라 부분의 주제와 일치하는 선지서 부분을 발췌하여 모아 놓은 것이라 할 수 있습니다. 그래서 '하프타라'를 때로는 '하프토라'라고도 읽지만, 토라와 직접 관련이 있는 것은 아닙니다.

'하프타라'라는 말은 '결론'이라는 의미를 가지고 있습니다. 즉 토라에 나오는 말씀을 좀 더 이해하기 쉽게 가르치기 위하여 토라와 함께 읽고 있기 때문에 결론이라는 말을 사용하기도 합니다. 그러므로 하프타라의 주제는 유대인들이 매주 읽고 묵상하는 토라의 주제와 깊은 관련이 있습니다.

12세, 13세에 행하는 바르 미쯔바와 바트 미쯔바 뿐만 아니라, 유대교의 모든 전통 예배에서 하프타라는 그 예배 때마다 유대인들이 읽는 토라와 함께 읽고 있습니다.

이사야 선지자의 메시지는 바벨론에 있는 유대인들에 위로를 주었습니다.
회당에서 안식일에 토라를 읽을 때 노아 포션을 읽은 다음 읽는 선지서 하프타라 입니다.

이런 이야기를 들어보셨나요?

이사야 선지서는 크게 두 부분으로 나누어집니다. 앞부분은 2700년 전에 앗시리아가 북왕국 이스라엘을 정복할 때입니다.
후반부는 바벨론에서 포로생활하는 유대인에게 위로를 주는 메시지입니다.

왼쪽 면에 있는 그림은 유대인들이 바빌론에 포로가 될 것이라는 하나님의 예언의 말씀을 유대인들에게 전하고 있는 장면입니다. 이사야는 이스라엘의 포로기와 노아 시대에 온 지구를 덮었던 홍수 사건을 연결 지어 설명합니다.

그가 처음 주목한 것은 두 사건 모두 온 세상을 파괴할 만큼 끔찍한 사건이라는 것입니다. 노아시대의 홍수는 악한 세상을 쓸어버림으로서 인류가 새로 시작하는 계기가 되었습니다. 마찬가지로, 이스라엘 백성들의 포로생활은 그들에게 매우 힘겨운 과정이었으나, 그 고통스러운 경험은 결국 그들에게 긍정적인 효과를 가져왔습니다. 홍수가 끝난 후 하나님께서는 다시는 물로 이 세상을 멸망시키지 않으시겠다고 약속 하셨습니다. 마찬가지로, 포로 생활 이후 하나님께서는 은혜와 평화로 그분의 백성들과 함께 하시겠다고 약속 하셨습니다.

수 세기 동안, 유대인들은 토라에서 노아시대의 홍수 기사를 읽을 때마다, 하나님께서 이사야의 입을 통하여 말씀하신 위로의 말씀을 포함하고 있는 하프타라를 함께 읽었습니다.

본 장에서 우리는 하프타라에 담긴 의미가 우리가 매주 읽는 토라의 말씀과 연결되어 있다는 것과 기념일에 읽는 토라 말씀의 주제와 의미가 하프타라의 주제와 그 의미와 연결되어 있다는 것을 배우게 될 것입니다. 그리고 두 번째 부분에서는 유대인들이 지키는 기념일의 전통과 관습이 어떻게 시작되었는지 보여주는 두 이야기를 읽고 공부할 것입니다.

⭐ **우리가 새롭게 배우게 될 교훈**

1. 하프타라를 읽어보면 때때로 매주 읽는 토라 부분에 나오는 기사에 관하여 매우 폭넓은 의미를 우리에게 알려줍니다.
2. 유대인들이 토라와 함께 하프타라를 읽는 관습은 유대 역사의 어느

시점에, 그들의 필요에 의해 시작되었습니다.

하프타라로 읽는 요나서

대 속죄일을 기념하여 오후에 유대인들은 하프타라로 요나서를 읽습니다. 만일 여러분이 요나 이야기를 알고 있다면, 요나서를 생각하면 제일 먼저 요나를 꿀꺽 삼킨 물고기가 생각날 지도 모릅니다. 그러나 다음 이야기를 읽으면 달라질 것이라고 생각합니다.

다음에 나오는 이야기를 읽으면 여러분은 다르게 생각할 수 있을 것입니다. 자 그러면 다음 이야기를 읽고 아래 질문에 답을 해보세요.

대 속죄일 오후에 유대인들이 하프타라인 요나서를 읽을 때 그 주간에 읽는 토라 부분에 어떤 영향을 줄까요?

요나서는 하나님의 용서를 가르쳐주는 책입니다

대 속죄일 오후에 유대인이 읽는 토라 부분에는 하나님께서 모세에게 다음과 같이 명령하시는 장면이 나옵니다. 하나님께서는 모세에게 히브리인들로 하여금 가나안 사람들이나 이집트 사람들의 관습을 따르지 말라고 명령하라 하셨습니다. 토라는 히브리인들이 그들의 길을 따르면 그 결과는 죽음이라고 가르치고 있습니다.

이 날, 대 속죄일에 유대인은 하프타라로 요나서를 읽습니다. 이 책은 유대인 선지자인 요나에 대한 책입니다. 요나는 하나님께서 이방 민족의 수도인 니느웨로 가서 하나님의 말씀을 외치라고 보낸 선지자입니다. 니느웨 성의 사람들은 난폭하고 음란한 길을 따랐으므로 하나님을 매우 분노하게 만들었습니다.

이런 이야기를 들어보셨나요?

니느웨는 현재 이라크 북쪽에 있는, 티그리스 강 유역에 위치한 나라였습니다.

수천 명의 사람들이 살고 있었으며, 그곳에 사는 사람들은 니느웨 사람이라 불리었습니다. B.C.E 7세기경에는 앗시리아 제국의 수도가 되었습니다.

그러나 B.C.E 612년, 바빌론 제국의 침공으로 니느웨는 무너지게 되었습니다.

바빌론 제국은 예루살렘 성전이 무너지고 남 유다가 멸망하기 불과 26년 전에 일어난 일입니다.

노아 방주를 그린 이디오피아 두루
마리 서화

하나님께서 니느웨 사람들의 죄를 보시고, 요나 선지자를 보내 하나님의 말씀을 전하라 하였습니다. 하나님께서 요나에게 주신 말씀은 40일이 지나면 니느웨는 망한다는 메시지였습니다.

하나님께서 직접 징계를 내리신다는 것은 현대를 사는 유대인에게나 이방인들에게 현실로 실감나게 다가오지 않을 수 있습니다. 그러나 하나님의 징계는 옛날 사람들이 삶에서 만나는 어려운 일들을 이해하는 하나의 방식입니다.

요나서를 읽어보면 우리가 잘 알고 있는 것처럼 요나는 처음에 하나님께서 명령하신 일을 하지 않았습니다. 오히려 이방인들에게 회개하라고 외쳐봤자 해결되는 것은 아무것도 없다고 생각했을지도 모릅니다.

아니면 요나는 이렇게 생각할 수도 있습니다. '내가 가서 하나님의 말씀을 전하고 그들이 회개하게 되면 하나님은 분명 용서하실 것이다. 그들은 분명히 우리나라를 괴롭히고 핍박한 나라인데 그런 나라는 멸망 받아 마땅하다'고 생각하고 하나님이 말씀하신 기간 40일을 피하여 지내려고 도망했는지도 모릅니다.

요나는 무슨 생각을 했는지 확실히 모르지만 그에게 맡겨진 임무를 피하려 하였습니다. 결국 요나는 다른 곳으로 피하여 가고 말았습니다. 배를 빌려 니느웨 와는 상관없는 지역으로 가려고 계획 하였습니다.

그러나 요나의 계획은 뜻대로 이루어지지 않았습니다. 하나님께서는 요나가 가는 뱃길에 맹렬한 폭풍을 보내 요나의 배를 마구 흔들었습니다. 결국 요나는 배에 함께 탄 사람들에게 자기가 하나님으로부터 도망치고 있다는 사실을 말하고 그 일로 인하여 하나님이 진노하여 바다에 태풍을 보냈다는 사실을 말하였습니다. 그러므로 이 모든 것은 나의 죄로 인한 것이라고 선원들에게 고백했습니다.

선원들은 요나를 지켜주고 싶었지만, 폭풍은 끝내 멈추지 않았고, 결국 배를 포기해야 하는 지경에 이르자, 그들은 어쩔 수 없이, 요나의 말대로 그를 바다에 던졌습니다. 놀랍게도 바다는 언제 그런 일이 있었는지 모를 정도로 아주 잠잠해졌습니다.

바다에 던져진 요나는 어떻게 되었습니까? 하나님께서 큰 물고기를 예비하셔서 요나를 삼키게 하셨습니다. 물고기의 배 속에서 사흘을 지내며, 요나는 하나님께 기도했습니다. 그의 기도를 들으신 하나님께서는 요나를 삼킨 물고기에게, 그를 마른 땅에 토해 내라 명령하였습니다.

하나님께서 요나에게 니느웨 사람들에게 가라고 두 번째로 말씀 하셨을 때, 요나는 토를 달지 않고 하나님의 말씀에 순종 했습니다. 니느웨 성 사람들은 하나님께서 화가 나셨다는 사실을 듣자 회개하기 시작 했습니다. 요나는 이방 민족들이 회개를 하는 것을 보고 짜증이 났지만, 하나님께서는 회개한 니느웨 성 사람들에게 벌을 내리지 않으시기로 결정 하셨습니다.

하나님께서는 이번에는 박넝쿨을 통해 요나에게 가르침을 주시기로 계획 하셨습니다. 먼저 하나님께서는 그의 머리 위에 박넝쿨을 자라나게 하여 요나에게 그늘을 만들어 주셨습니다. 넝쿨이 만든 그늘 아래에서 요나는 뜨거운 햇볕을 피할 수 있었습니다. 그러나 다음날, 하나님께서는 그 박넝쿨을 마르게 하셨습니다. 햇볕을 피할 수 없게 된 요나는 박넝쿨로 인하여 잔뜩 화가 났습니다.

그 때 하나님께서는 요나에게 말씀 하셨습니다.

"너는 이 박넝쿨이 말라 죽었다고 화를 내고 슬퍼하는구나. 옳고 그름을 분별

할 줄 모르는 사람, 12만 명이 넘게 살고 있는 니느웨가 멸망하여 그 사람들이 다 죽으면, 그 백성을 지은 나의 기분이 어떨지 생각은 해 보았느냐?"

대 속죄일이 되면 유대인은 한 해 동안 그들이 저지른 나쁜 일들에 대해 하나님께 용서를 구합니다. 특히 이 날 오후에 그들이 읽는 토라에는 하나님께서 참지 못하시는, 이방인들이 저질렀던 죄들에 대해 설명하고 있습니다. 그러나 유대인들은 이 날 '하프타라'로 요나서를 읽습니다. 요나서는 자기 죄를 진심으로 뉘우치고, 회개하고 하나님께 용서를 구하면, 하나님께서 이방인들 조차도 용서해 주신다는 사실을 가르쳐 주고 있습니다.

하나님께서는 하나님이 선택한 유대인이 아닌 이방인 일지라도 진정으로 회개하면 그 기도를 들으시고 용서해 주신다는 것을 가르쳐 주기 위하여 요나서를 읽도록 하신 것입니다. 그리고 그런 하나님께서 유대인이 회개하면 하나님은 당연히 용서하여 주신다는 것과, 유대인들이 하나님께서 사랑하시고 용서하시는 이방인들을 시기하면 안 되는 이유를 분명하게 가르쳐 줍니다.

❗ 한 번 더 생각해 봅시다

1. 대 속죄일 오후에 유대인이 읽는 토라는 유대인과 하나님 사이의 특별한 관계에 대해 설명하고 있습니다. 유대인들은 어떤 민족의 길을 피해야 하나요?
2. 대 속죄일에 토라를 읽으며 함께 읽는 하프타라인 요나서를 통해 얻을 수 있는 가르침 두 가지를 선택해보세요.
   (a) 하나님께서는 다른 민족의 길을 따르는 모든 유대인들을 멸망 시키신다.

ⓑ 하나님께서는 유대인은 회개하면 용서해 주시지만, 이방인은 회개해도 용서해 주지 않으신다.

ⓒ 하나님께서는 진심으로 회개하는 사람이라면 누구나 용서해 주신다.

ⓓ 유대인은 하나님의 사랑과 용서를 다른 민족들과 나누어야 한다.

3. 요나가 박넝쿨 사건을 통해 교훈을 얻은 것처럼, 여러분도 간접적으로 교훈을 얻은 적이 있는지요? 있다면 함께 나누어 보세요.

이 토기는 이스라엘 땅에서 발견된 것으로, 최소 2,600여 년 전, 즉 다윗과 솔로몬의 시대와 바빌론 포로기 사이에 만들어진 것으로 보입니다.

언제 일어난 일인가요?(WHAT TIME IS IT)

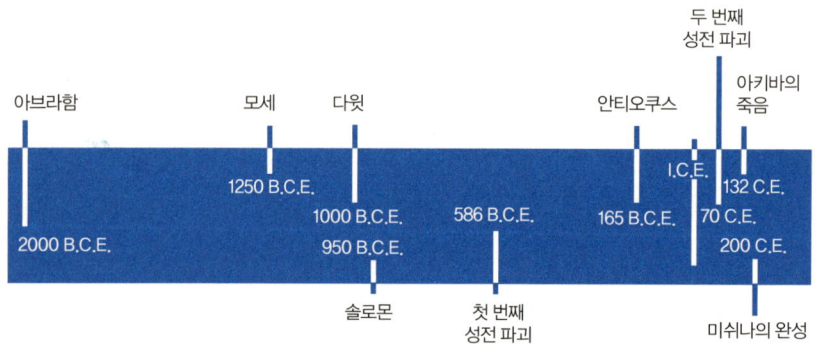

하프타라는 어떻게 읽게 되었을까요?

하프타라를 읽는 관습은 먼 옛날부터 시작 되었다는 것쯤은 유대인들은 모두 알고 있습니다. 물론 이방인들도 잘 알고 있습니다. 아무리 유대인들이 옛날부터 하프타라를 읽기는 하였지만 하프타라 읽기가 어떻게 시작하게 되었는지는 알 수 없으며 단지 추측만 할 수 있을 뿐이라고 랍비들은 가르칩니다.

다음에 나오는 두 이야기는 하프타라의 기원에 대한 이야기입니다. 다음 이야기를 읽고 아래 질문에 답해 보세요.

a. 하프타라를 읽기 전과 읽은 후에 노래하는 축복은 선지자들의 메시지의 중요성을 유대인들에게 어떻게 상기시켜 주었습니까?
b. 하프타라의 아이디어는 유대교가 어떻게 무너지지 않고 계속 발전하여 왔는지에 대하여 무엇을 가르쳐 주고 있습니까?

사마리아인과 하프타라

거의 2,800여 년 동안, 요르단 강 서쪽 사마리아 지방에는 사마리아인이라는 사람들이 살았습니다. 이 사람들은 유대인은 아니었지만 토라에 나오는 율법을 엄격하게 지키며 살았다고 많은 문헌들이 가르쳐 줍니다. 그러나 그들은 히브리 선지자들이 하나님의 말씀을 전한다는 사실은 받아들이지 않을 뿐만 아니라, 그것을 믿지도 않았습니다.

오래 전 유대교의 지도자들은 말하였습니다.
어떤 유대인들이 이 사마리아 사람들에게 안 좋은 영향을 받아 토라만이 하나님의 말씀이라고 믿게 되지는 않을까 걱정했습니다. 그리하여 그들은 하프타라를 읽기 시작하였는데, 이는 선지자들의 말씀도 토라와 마찬가지로 거룩하다는 것을 그들에게 보여주며 가르쳐 주려는 의도에서 그들은 하프타라를 읽도록 권유하였던 것입니다.
그렇게 하여 유대인들은 매주 토라를 읽은 후에 선지자들의 말과 글을 함께 듣고 읽게 되었다는 것입니다. 이러한 관습은 토라와 하프타라 모두 하나님의 말씀이라는 사실을 다음 세대 사람들에게 알려주고 있습니다.

유대인들은 하프타라를 읽기 전 그리고 하프타라를 읽은 후에 축복의 말씀을 읊조립니다. 이 축복의 말씀을 보면, 사마리아인들 때문에 하프타라가 시작 되었다고 말하는 "사마리아인 설"이 맞는 것처럼 보이기도 합니다.

하프타라를 읽기 전 그들이 읊는 축복의 말씀은 선지자들의 글이 하나님의 영감을 받았다는 사실을 강조하고 있습니다. 하나님께서는 토라를 선택하시고, 모세를 선택 하셨으며, 또 이스라엘 백성들을 선택하신 것처럼 선지자들도 선택 하셨다는 것입니다.

בָּרוּךְ אַתָּה יְיָ, אֱלֹהֵינוּ מֶלֶךְ הָעוֹלָם אֲשֶׁר בָּחַר בִּנְבִיאִים טוֹבִים,
וְרָצָה בְדִבְרֵיהֶם הַנֶּאֱמָרִים בֶּאֱמֶת, בָּרוּךְ אַתָּה יְיָ הַבּוֹחֵר בַּתּוֹרָה,
וּבְמֹשֶׁה עַבְדּוֹ וּבְיִשְׂרָאֵל עַמּוֹ וּבִנְבִיאֵי הָאֱמֶת וָצֶדֶק.

하프타라를 읽은 후에 유대인들은 토라와 안식일과 기념일 등 절기들을 주신 것에 대해 감사하며, 그분을 예배할 기회를 주신 것에 대해 감사하며, 특별히 선지자들을 그들에게 보내주신 것에 대해 하나님께 감사의 기도를 드립니다.

עַל הַתּוֹרָה וְעַל הָעֲבוֹדָה וְעַל הַנְּבִיאִים וְעַל יוֹם הַשַּׁבָּת הַזֶּה,
שֶׁנָּתַתָּ לָנוּ יְיָ אֱלֹהֵינוּ לִקְדֻשָּׁה וְלִמְנוּחָה לְכָבוֹד וּלְתִפְאָרֶת.

유대인들은 하프타라를 읽기 전 그리고 읽은 후에 읊조리는 이 축복의 말씀은 하나님께서 토라와 선지서를 그들에게 주셨다는 사실을 반복하여 읽음으로써 사마리아인의 신앙과 유대인의 신앙이 다르다는 것을 알려 주려는 의도를 가지고 있는지도 모릅니다.

이런 이야기를 들어보셨나요?

시리아 왕 안티오쿠스는 스스로를 '에피파네스'라고 부르도록 강요하였는데, 그 뜻은 그리스어로 '볼 수 있는 신'이었습니다. 안티오쿠스의 잔인하고 광기 어린 일들 때문에 그의 백성들은 그를 '에피마네스', 즉 '미치광이'라고 불렀다고 전하여지고 있습니다.

유대인 어린이가 성인식을 할 때 교사나 랍비로부터 하프타라를 읽는 방법을 배웁니다.
사진에 보여지는 하프타라는 레위기를 읽은 다음 읽게 되는 하프타라 본문입니다.

안티오쿠스와 하프타라

또 다른 이야기에 따르면 하프타라를 읽는 관습은 시리아의 왕이었던 안티오쿠스 왕 때에 시작되었다고 전합니다. 안티오쿠스는 자기가 다스리던 모든 백성들이 그리스의 신들을 섬기기를 바랐습니다.

수전절(하누카)은 이 시대에 안티오쿠스가 그의 유대인 백성들을 얼마나 심하게 학대 하였는지를 기억하는 날로 기념하고 있습니다. 안티오쿠스는 유대인들이 토라를 공부하거나 읽는 것을 법으로 금지하는 법을 제정하기도 하였습니다.

그러나 유대인들은 그의 악법을 피하여 매주 토라를 읽는 대신 선지자들의 글을 읽으며 토라를 기억하였다고 전하고 있습니다. 유대인들이 안티오쿠스를 물리치고 난 후에도 하프타라를 읽는 관습은 계속 되었습니다. 그렇게 이 관습은 현대를 살아가는 유대인에게까지 전하여졌다는 것입니다.

❗ 한 번 더 생각해 봅시다

1. 하프타라의 기원에 대한 사마리아인 이야기와 안티오쿠스 이야기의 중요한 차이점은 무엇인가요?
2. 너무 오래되어 언제부터 시작 했는지도 모르는 여러분의 개인적인 습관에 대해 친구와 이야기 나눠보세요.

제4장

חוּמָשׁ

HUMASH

후마쉬

　후마쉬는 히브리어로 '다섯'을 뜻하는 '하메이쉬(חָמֵשׁ)'라는 말에서 나온 단어입니다. 영어로는 펜타튜크(Pentateuch), 우리말로는 모세오경이라고도 합니다. 가장 일반적인 말로는 '토라' 또는 '모세의 토라' 또는 '오경'이라고 부르는데, 구약성경의 '처음 다섯 권의 책'을 가리키는 말입니다.

후마쉬는 모세가 쓴 다섯 권의 책으로 이루어져 있으며, 히브리어로 '다섯'을 뜻하는 말에서 유래 하였습니다.

이런 이야기를 들어보셨나요?

그리스어로 펜타튜크(Pentateuch)는 '다섯 권의 책'을 뜻합니다. 그리스어에서 유래한 단어가 하나 더 있는데, 바로 '바이블'(Bible)입니다. '바이블'(Bible)은 '책'이라는 뜻을 가진 '비블로스(Byblos)'에서 유래한 말입니다. '비블로스'는 지중해 연안(오늘날 베이루트)에 위치한 도시였는데, 이 도시는 옛날 종이를 만드는 재료인 파피루스로 유명한 곳 이었다고 합니다.

후마쉬는 성경의 처음 다섯 권의 책을 말하는 용어로 유대인들이 사용하는 말 입니다.

사람들은 토라를 말할 때, 토라라고 부르면 오해하는 경우가 많이 있습니다. 성경전체를 말하는 것인지, 모세오경을 말하는 것인지, 아니면 율법을 말하는 것인지 구분하기 어려울 때가 있습니다. 그래서 히브리인들은 그러한 오해를 하지 않도록 구약의 선지서(너비임), 성문서(커투빔)와 구별하는 '오경'을 가리키는 '토라(Torah)'를 '후마쉬'라고 부릅니다.

성경의 처음 다섯 권의 책인 '후마쉬'의 각 책의 영어 이름은 각 책의 주제를 따라서 붙였습니다. 그러나 이 책들의 히브리어 이름은 각 책의 첫 번째 단어 또는 첫 번째 문장에 나오는 단어에서 선택하여 가져 왔습니다.

다음 페이지에 나오는 표에서 이 책 다섯 권의 영어 이름과 히브리어 이름, 그리고 주요 내용을 요약하여 보여줄 것입니다.

후마쉬의 내용 간략하게 둘러보기

후마쉬는 역사, 이야기, 시, 율법에 대해 두루 다루고 있습니다. 하나님께서 천지를 창조하신 이야기부터 시작하여, 사람이 범죄 하는 기사가 나옵니다. 하나님은 범죄 한 사람을 에덴동산에서 내어 보냅니다. 그러나 사람들은 깨닫지 못하고 계속하여 범죄 하므로 세상은 죄악으로 가득하게 되어 하나님은 홍수로 세상을 심판하십니다.

그 이후에 하나님은 복을 주셔서 다시 세상에 사람들이 번성하게 되면서 바벨탑을 건설하여 다시 한 번 하나님과 같아지려 합니다. 그래서 하나님은 그들을 세상에 흩으시고 한 사람을 선택 하셨는데, 그 사람이 믿음의 조상 아브라함입니다.

아브라함의 손자인 야곱은 이집트로 내려가 거주하면서 큰 나라를 이룰 수 있을 만큼 인구가 늘어나게 됩니다. 그 때 하나님은 야곱의 4대 후손인 모세를 통하여 히브리인을 이집트에서 인도하여 냅니다.

하나님은 하나님이 선택하신 민족인 히브리인과 시내산에서 언약을 맺으신 하나님은 이스라엘과 함께 거하시기 위하여 하나님의 거처인 성막을 건설하게 하십니다. 그리고 성막을 어떻게 사용하여야 되는지 자세하게 가르쳐 주시고 이스라엘 백성을 시내산에서 출발시킵니다. 하나님이 선물로 주시기로 약속한 땅으로 인도하시기 위함입니다.

이때도 하나님은 모세를 지도자로 세우셔서 그들을 인도해 가십니다. 마침내 이스라엘 백성들은 요단 강가에 도착합니다. 이곳에서 하나님은 모세를 부르시고 새로운 지도자 여호수아를 세우신 후 하나님은 모세를 데려 가십니다.

우리가 읽어볼 두 가지 이야기

우리가 간략하게 살펴 본대로 후마쉬에 나오는 내용은 아주 방대합니다. 그러므로 우리는 이 장에서 후마쉬에 나오는 아주 특별한 이야기 몇 가지에 집중하여 생각해 보려 합니다.

첫 번째 부분에서는 우리에게 매우 잘 알려진 쌍둥이 형제간의 다툼에 대한 이야기를 읽으면서 하나님께서 우리에게 가르치는 교훈을 찾아보려 합니다. 그리고 두 번째로 우리가 집중하여 읽어 보려고 하는 기사는, 후마쉬에 나오는 위대한 영웅들이 어디에서, 어떻게, 아내를 맞이하였는지에 대해 읽어 보려 합니다.

이 결혼 기사를 통하여 하나님께서 우리에게 무엇을 가르치려는지 알아 보려 합니다.

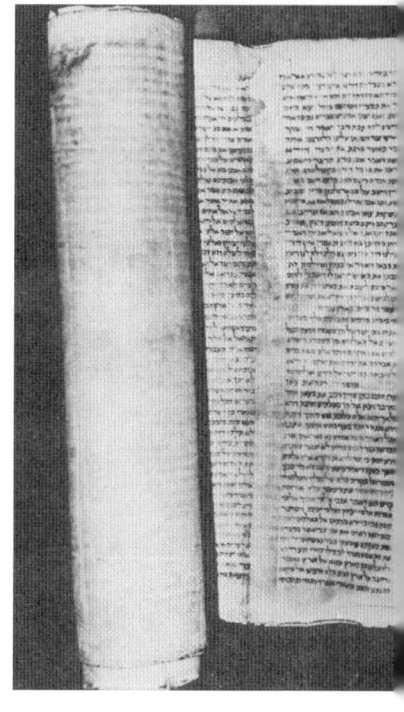

후마쉬의 일부가 기록 된 두루마리입니다. 히브리어로 기록 된 이 두루마리는 15세기 경 중국에 사는 한 유대인이 쓴 것입니다. 그 옛날 이스라엘 땅에서 기록된 후마쉬가 필사에 필사를 거쳐 중국까지 이어진 것입니다.

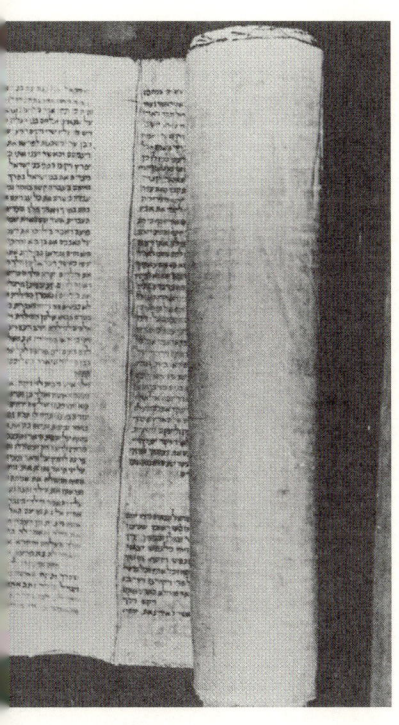

⭐ 우리가 새롭게 배우게 될 교훈

1. 후마쉬의 이야기들은 우리 조상들도 우리와 같이 인간적인 실수를 하기도 하고, 야망을 가지기도 했다는 것을 가르쳐 줍니다.
2. 후마쉬에 나오는 비슷한 이야기들을 비교해 봄으로서 우리 조상들은 그들만의 개성을 가지고 있었다는 사실을 알게 될 것입니다.

후마쉬에 나오는 이야기에서 얻을 수 있는 교훈

후마쉬는 왜 아브라함 이야기가 아닌, 세상의 창조로 시작하는 걸까요? 사실 유대교의 역사는 아브라함으로부터 시작되는데 말입니다. 심지어 아브라함 이야기는 11장이 다 되도록 일언반구 언급도 없습니다!

하나님께서 세상을 만드신 이야기와 아브라함의 조상들의 이야기를 하면서 후마쉬는 우리에게 하나님께서 온 세상을 창조하셨다는 사실뿐만 아니라, 유대인을 포함한 모든 사람들이 그분의 자녀라는 것을 가르쳐 주고 있습니다.

후마쉬를 장엄하게 시작하는 이야기가 우리에게 중요한 교훈을 주는 것처럼, 다음에 나오는 모든 이야기들이 우리에게 의미 있는 교훈을 가르쳐 줍니다. 다음 단락을 읽고 스스로에게 묻고 스스로 답을 찾아 보세요.

에서의 장자권과 이삭의 축복 이야기를 통해 배울 수 있는 교훈은 무엇인가요?

먼저 후마쉬에 속하는 책의 이름과 이름에 관한 간략한 설명을 도표로 그려보도록 하자.

영어, 한글제목	의미	히브리어 제목	의미	내용
Genesis 창세기	세상의 기원	בְּרֵאשִׁית	태초에	세상의 창조와 히브리 민족의 초기 역사
Exodus 출애굽기	구원	שְׁמוֹת	이름들(이집트에 온 야곱의 아들들의)	이집트 노예 생활에서의 구원, 토라를 받음
Leviticus 레위기	레위 지파의 제사장들이 해야 하는 일들	וַיִּקְרָא	그리고 그가 부르셨다	제사장과 의식에 관한 법 (성막사용설명서)
Numbers 민수기	광야에서 일어난 일들	בְּמִדְבַּר	광야에서	광야에서의 40년과 약속의 땅의 경계에 이르기까지의 이야기
Deuteronomy 신명기	율법의 반복	דְּבָרִים	말씀들 (words)	광야에서 자란 세대에게 모세가 하나님의 율법을 다시 한 번 말함

히브리인 조상들의 실수와 야망

아브라함의 아들, 이삭은 리브가와 결혼하여 쌍둥이 자녀를 낳았습니다. 형인 에서는 몸에 털이 많았으며 들로 나가 사냥하는 것을 좋아했고, 동생인 야곱은 매끈한 피부를 지닌 자로서 집에 머무르면서 공부하는 것을 더 좋아 했습니다.

사실 두 아들이 태어나기 전부터 이삭의 부인 리브가는 하나님으로 부터, 야곱이 가족의 족보를 이어갈 맏이가 될 것이라는 말씀을 들었습니다. 그러나 아버지 이삭은 동물을 사냥해 맛있는 음식을 가져다주는 첫째 아들, 에서를 많이 좋아 했습니다.

이삭과 리브가가 살던 그 시대에는 아버지가 돌아가시면, 첫째 아들이 다른 아들들보다 두 배의 유산을 물려받는 관습이 있었습니다. 아버지가 돌아가시면 다른 아들보다 두 배의 땅과 재산을 물려 받는 권한을 '장자권'이라 하였습니다. 특히 야곱과 에서의 경우에는 하나님께서 아브라함과 맺으신 약속도 이 장자권에 포함되어 있었습니다.

하나님께서는 아브라함의 자손들에게 복을 주시고 그들에게 약속의 땅을 주시기로 약속 하셨습니다. 그 답례로 아브라함의 자손들은 하나님을 찬양하고 그분의 가르침을 널리 전파하는 것이었습니다.

어느 날, 에서가 사냥을 마치고 집에 돌아왔는데, 동생 야곱이 붉은 죽을 만들고 있었습니다. 그래서 배고픈 에서는 동생에게 그것을 자기에게 주어 먹게 해달라고 부탁하였습니다.

"내가 정말 배가 고프구나. 죽을 나에게 주어 먹게 하라!"

야곱이 말합니다.

"그러면 형은 나에게 무엇을 줄 거야? 형의 장자의 명분을 나에게 팔라!"

그때 에서는 아무 생각 없이 말했다.

"장자의 명분이 뭐 대단한 것이라고 그래 알았어."

이처럼 에서는 자기가 가진 중요한 권한 장자권을 그리 중요하게 생각하지 않고 경솔하게 장자권을 야곱에 넘겼습니다.

얼마 후, 리브가는 남편 이삭이 큰 아들 에서에게 말하는 것을 엿듣게 되었습니다. 남편이 에서에게 이렇게 말하는 것이 아닙니까?

"들에 나가 짐승을 잡아 오려무나. 그 짐승으로 음식을 만들어 오너라. 나는 그것을 먹고 내가 죽기 전에 너에게 축복해 주어야 겠다."

아브라함의 축복이 이삭에게서 에서에게로 이어지는 것을 그저 보고만 있을 수 없던 리브가는 이 일을 자신이 직접 해결하기로 마음 먹었습니다. 에서가 사냥을 나간 사이, 리브가는 야곱을 불러 염소 두 마리를 잡으라 하였습니다. 그리고 그 염소들의 고기로 이삭을 위한 음식을 만들고, 그 염소 털로 매끈매끈한 야곱의 피부에 붙이고, 야곱의 옷을 벗기고 에서의 옷으로 갈아 입혔습니다.

특히 야곱의 팔에는 염소의 가죽을 감아 마치 털이 많은 에서의 팔처럼 느껴지게 꾸몄습니다. 이미 이삭이 나이가 많아 눈이 어두워 잘 보지 못하니, 음식을 가져온 사람이 누구인지 알아 볼 수 없다는 것을 리브가는 알고 있었기 때문이었습니다.

리브가의 속임수는 성공했습니다. 이삭은 자기가 에서에게 축복하는 줄 알고 이렇게 말했습니다.

"네가 네 형제들을 다스릴 것이다."

에서의 장자권 이야기와 이삭이 리브가에게 속게 된 이야기를 통해 우리는 중요한 교훈들을 배울 수 있습니다.

첫 번째 교훈은 바로 모든 사람은 약점을 가지고 있다는 것입니다. 심지어 히브리인의 믿음의 조상 이삭까지도 말입니다. 이삭은 음식을 너무 사랑한 나머지 진실을 제대로 볼 수 없었습니다.

또 하나의 교훈은 모든 사람은 자신의 실수를 통해서 배워 간다는 것입니다. 이삭이 리브가에게 속은 것을 알게 되고 얼마 지나지 않아, 그는 야곱을 불러 리브가의 집안사람, 외가에 가서 외가의 집안사람과 결혼하라 하였습니다. 이삭은 야곱을 멀리 떠나보내며 그에게 아브라함의 복을 이어 주었습니다. 이때는 자신도 누구에게 축복하는지 알고 있었으며, 하나님께서 야곱을 선택 하셨다는 것 또한 알고 있었습니다.

세 번째 교훈은, 우리는 사냥하는 에서보다 공부하는 야곱을 더욱 본받아야 한다는 것입니다. 비록 야곱이 아버지의 축복을 너무나 받고 싶어 하는 열망이 있었지만 말입니다.

야곱과 라헬의 만남은 후마쉬에 나오는 유명한 세 '우물가의 만남' 중 하나입니다.

ⓘ 한 번 더 생각해 봅시다

1. 후마쉬가 히브리인 조상들의 이야기로 시작하지 않고, 세상의 창조 이야기부터 시작되는 이유는 무엇인가요?

찾아서 읽어 봅시다

창세기 27장부터 28장 4절까지 이삭과 에서 그리고 야곱의 이야기가 나와 있습니다. 이삭과 리브가의 만남은 창세기 24장 10절부터 61절까지, 야곱과 라헬의 만남은 창세기 29장 1절부터 20절까지, 그리고 모세와 십보라의 만남은 출애굽기 2장 15절부터 21절까지 나와 있습니다.

2. 이야기를 읽고 난 여러분은 다음 질문에 답해 보세요. 누구일까요?
   (a) 음식을 너무 좋아한 나머지 속임수에 넘어간 사람은 누구일까요?
   (b) 복을 너무나 받고 싶어 하던 사람은 누구일까요?
   (c) 아들을 위해 속임수를 쓰기까지 한 사람은 누구일까요?

후마쉬의 이야기를 비교해 봅시다

올바른 사람과 결혼하는 것은 매우 중요한 일입니다. 후마쉬에는 히브리 역사에서 매우 중요하게 여기는 세 사람이 외국에 살면서 어떻게 우물가에서 아내를 찾았는지 알려줍니다. 세 가지 이야기를 읽고 비교하면서, 히브리 조상들은 매우 독창적인 개성을 지니고 있었던 사람들이라는 사실을 배울 수 있습니다.

다음에 나오는 후마쉬의 이야기를 읽고 이삭과 야곱 그리고 모세가 어떻게 그들의 아내를 만나게 되었는지를 알아 보세요.

이삭과 야곱 그리고 모세는 각자 다른 방법으로 아내를 맞이 했습니다. 이 사건을 통해 그들의 어떤 독특한 성품을 발견할 수 있나요?

우물가에서 찾은 신부

이삭과 리브가 사실 우물가에서 리브가를 찾은 것은 이삭이 아니라, 그의 아버지 아브라함의 종이었던 엘리에셀 이었습니다. 아브라함은 충성스러운 종 엘리에셀에게 이삭을 위해 아브라함의 친척 중에서 이삭의 아내를 찾으라고 명령 하였습니다. 아브라함은 이삭이 우상을 숭배하는 가나안 여인과 결혼하여 그 영향을 받는 것을 원하지 않았던 것입니다.

리브가는 아브라함의 친척의 딸이었습니다. 그러나 엘리에셀은 단지 그 이유만으로 리브가를 선택한 것이 아니었습니다. 리브가가 우물가에 도착하기 전, 엘리에셀은 하나님께 기도하였습니다. 기도의 내용은, '하나님께서 나의 주인의 아들에게 주시는 아내라는 하나님의 징조를 기다리겠다'는 것이었습니다.

리브가가 우물 가까이 오자 엘리에셀은 그녀에게 물을 길어 마시게 해 달라고 부탁했습니다. 그러자 리브가는 엘리에셀에게 뿐만 아니라 낙타들에게도 물을 길어 마시게 하였습니다.

엘리에셀은 자신에게 물을 길어주어 시험을 통과한 것뿐만 아니라, 그의 낙타들에게도 물을 준 것을 통하여 하나님이 예비한 여인이라는 것을 알았습니다. 그래서 엘리에셀은 그녀의 손에 그녀와 그녀의 가족들을 위한 선물들을 건네 주었습니다.

리브가는 집으로 달려가 가족들에게 아브라함이 보낸 사람 엘리에셀이 도착했다는 것을 알렸습니다. 그녀의 오빠 라반은 엘리에셀이 준 선물을 보고 그를 자기 집으로 초대하여 음식을 대접 하였습니다. 리브가의 가족들은 그녀가 결혼하기 전에 1년 간 집에 더 있기를 바랬지만, 리브가는 엘리에셀의 말을 따라 즉시 집을 떠나 타향으로 가는 길을 선택 했습니다.

야곱과 라헬 엘리에셀과 달리 야곱은 빈손으로 우물가에 도착 했습니다. 왜냐하면 자신의 형 에서로부터 도망치듯 집을 나온 나그네 신세였기 때문이었습니다. 우물가에서 그는 양치기 한 무리를 만나게 되었습니다. 야곱이 그들에게 자신의 삼촌 라반에 대해 묻고 있는데, 곧 라헬이 자기 아버지 라반의 양떼를 이끌고 우물가에 나타났습니다. 야곱은 우물을 덮고 있는 무거운 돌을 치우고 물을 길어 삼촌의 양떼에게 물을 먹였습니다.

야곱이 라헬에게 자신을 소개하자, 라헬은 집으로 달려가 이 소식을 아버지 라반에게 알렸습니다. 라반은 그를 반갑게 맞이해 주었습니다. 그러나 오래 지나지 않아 라반은 야곱을 속이고 말았습니다.

야곱은 라헬을 너무나 사랑한 나머지 7년을 일하면 라헬을 아내로 맞이하게 해주겠다는 라반의 제안을 받아들입니다. 그러나 7년 후 라반은 라헬 대신 그녀의 언니 레아를 야곱에게 아내로 주었습니다. 그래서 야곱은 라헬과 결혼하기 위해, 야곱은 다시 7년을 더 라반을 위해 일을 해야만 했습니다. 이렇게 야곱은 라헬을 위하여 14년간 일하였습니다.

모세와 십보라 야곱과 마찬가지로, 모세 또한 도망자 신세로 우물가에 도착하게 되었습니다. 모세는 히브리인 노예를 괴롭히던 이집트 사람을 죽이고 미디안 땅까지 도망치게 된 것이었습니다.

우물가에서 모세는 미디안 제사장의 일곱 딸들을 만나게 되었습니다. 아버지의 양떼를 이끌고 물을 먹이러 우물가에 온 그녀들에게 한 무리의 양치기 무리가 나타나 우물가에서 쫓아내려 하였습니다. 그러자 모세는 양치기 무리들로부터 일곱 딸들을 구하고 물을 길어 제사장의 양떼들에게 먹였습니다.

딸들이 집으로 돌아가 아버지에게 우물가에서 있었던 일을 자세하게 말하면서, 이집트 사람 모세가 도와준 것을 말했습니다. 그녀들의 아버지는 모세를 자기 집으로 초대하여 음식을 대접 하였습니다. 그는 모세에게 양치기 일을 맡겼을 뿐만 아니라, 자기 딸 십보라를 그에게 아내로 주었으며 그 집에 함께 살았습니다.

❗ 한 번 더 생각해 봅시다

1. 이삭과 리브가를 야곱과 에서의 부모님으로만 알고 있는 한, 이삭이 신부를 찾으러 직접 우물가에 가지 않은 사실과 그 우물가에 물을 길

으러 온 여인이 리브가 한 명 이었다는 사실은 얼마나 중요한가요? 위 이야기를 통해 이삭과 리브가의 성격을 알 수 있나요?
2. 리브가가 우물가에서 보여준 유대교의 덕목은 무엇인가요?
3. 라반이 아브라함의 종 엘리에셀을 대하였던 태도를 통해, 후일 라반이 야곱에게 한 행동을 유추할 수 있나요?
4. 모세가 양치기 무리로부터 제사장의 딸들을 구한 이야기는 우리가 배워야 할 만큼 중요한 이야기인가요? 모세의 삶에서 물이 매우 중요했던 또 다른 사건이 있는지 생각해 봅시다.

제5장
כְּתוּבִים
KETUVIM
커투빔

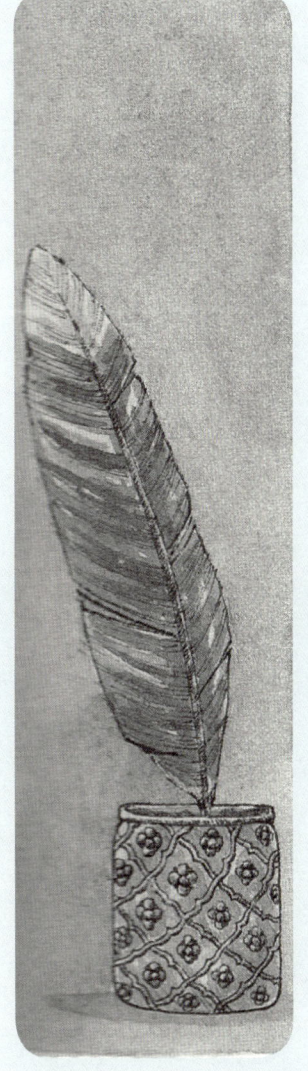

성경은 세 부분으로 나눌 수 있는데, 그 중 커투빔, 즉 성문서는 성경의 세 번째 부분입니다. 히브리어 단어로 성경, 즉 타나크(Tanach)는 각각 토라, 너비임, 커투빔의 첫 글자를 딴 것입니다.

옛 방식의 깃펜과 잉크병은 커투빔의 뜻이 '성문서', 즉 '글들'이라는 것을 생각 나게 합니다.

두 명의 북아프리카인 유대인들이 커투빔을 공부하고 있습니다. 커투빔은 모든 세대, 지역, 환경을 초월하는 지혜를 담고 있습니다.

다음 페이지에서 볼 수 있듯, 커투빔은 많은 다양한 종류의 글들을 담고 있습니다. 시편에 담긴 150편의 시들은 인간의 다양한 감정들을 표현하는 종교시들 입니다. 잠언의 글들은 우리가 매일 살아가면서 가야 할 길을 알려 줍니다. 욥기는 하나님을 경외하는 선한 사람이 받는 고난에 대해 다루고 있습니다.

우리가 해마다 돌아가며 읽는 다섯 두루마리, 즉 므길로트(Megillot)는 저마다의 독특한 내용을 담고 있습니다. 뿐만 아니라 커투빔에는 바빌론 포로기 시기뿐만 아니라 포로기 전후에 대해서 다루는 책들도 포함되어 있습니다.

이 장에서는 커투빔의 책들 중 몇 가지를 소개하고자 합니다. 먼저 잠언이 우리에게 주는 교훈에 대해 배운 후 므길로트를 우리가 언제 읽는지 배울 것입니다.

⭐ 우리가 새롭게 배우게 될 교훈
1. 잠언에 나오는 이상적인 삶은 정직과 근면, 친절이 서로 어우러진 삶입니다.
2. 다섯 두루마리, 즉 므길로트는 매 해 특별한 날에 읽는 책입니다.

잠언은 무슨 책인가요?

잠언에 대해 듣지 못하였더라도, 잠언에 나오는 구절들은 아마 익숙할 것입니다. 예를 들어 "매를 아끼면 자식을 망친다"라는 말은 잠언에서 나온 것입니다.

커투빔의 이 부분을 읽고 다음 질문에 답하여 보세요.

a. 잠언에서는 부모와 자식의 도리가 무엇이라고 가르치고 있나요?
b. 잠언에서는 부모님의 훈계와 다른 사람의 훈계를 받아들이는 것에 대해 어떻게 말하고 있나요?

부모의 도리, 자식의 도리

잠언에 따르면, 부모님은 자녀들에게 살면서 따라가야 할 올바른 길을 보여주어야 할 책임이 있다고 합니다. 그렇게 하면 자녀들이 나이가 들어서도 옳은 길을 따른다는 것입니다.

"네 자녀가 옳은 길을 따르게 하라. 그리하면 그들이 나이가 들어서도 그 길을 떠나지 않을 것이다."

한글	히브리어	내용
시편	תְּהִלִּים	다윗이 지은 찬양의 시
잠언	מִשְׁלֵי	솔로몬이 지은 지혜의 글
욥기	אִיוֹב	의인 욥의 믿음이 고난을 통해 시험을 받는 내용
므길로트		
아가	שִׁיר הַשִּׁירִים	사랑을 찬양하는 시로, 전통적으로 솔로몬이 저자로 알려짐
룻	רוּת	모압 여인 룻의 이타적인 모습과 시어머니 나오미에게 보여준 충성심
예레미야 애가	אֵיכָה	슬픔의 노래. 전통적으로 예레미야가 예루살렘이 무너진 후 쓴 것으로 여겨짐
전도서	קֹהֶלֶת	삶의 의미에 대한 묵상과 격언. 전통적으로 솔로몬이 저자로 알려짐.
에스더	אֶסְתֵּר	부림절의 기원에 관한 이야기
다니엘	דָּנִיֵּאל	다니엘의 바빌론 포로 생활과 미래에 대한 환상
에스라	עֶזְרָא	포로된 땅에서 약속의 땅으로 돌아온 이스라엘이 옛 삶을 회복하도록 도운 두 명의 역사적 지도자의 이야기
느헤미야	נְחֶמְיָה	
역대상	דִּבְרֵי הַיָּמִים א	세상의 시작부터 바빌론 포로기 까지의 역사를 되돌아보는 책
역대하	דִּבְרֵי הַיָּמִים ב	

옳은 길에서 벗어나려는 아이를 바로잡는 것만큼이나 처음부터 옳은 길을 알려주는 것은 중요한 것입니다. 바로 잠언이 "매를 아끼는 것은 자식을 사랑하지 않는 것이다. 자식을 사랑하는 사람은 훈계를 게을리 하지 않는다"라고 가르치는 이유입니다.

부모에게만 책임이 따르는 것은 아닙니다. 자녀 또한 부모를 대할 때에 그 도리가 있습니다. 잠언은 부모의 가르침을 보석에 비유하며 자녀들은 보석과 같은 부모의 가르침에 집중하고 이를 따라야 한다고 가르칩니다.

한 이스라엘 예술가가 천으로 짠, 커투빔의 책들 중 하나인 룻기를 묘사한 그림입니다. 위 그림은 룻기의 마지막 부분에 나오는 내용인 룻과 보아스가 다윗의 조상이라는 것을 표현하고 있습니다.

"아이들아, 아버지의 훈계를 잘 듣고, 어머니의 가르침을 저버리지 말아라. 진정 이것은 머리에 쓸 아름다운 관이요, 너의 목에 걸 목걸이다."

또한 자녀는 부모에게 악담을 하거나, 부모님에 대해 나쁜 말을 하지 말아야 합니다. 잠언은 부모에게 악담을 하는 사람을 다음과 같이 비유하고 있습니다.

"이빨이 긴 칼과 같고 턱이 큰 칼과 같아서, 가난한 사람을 하나도 땅에 남기지 않고 삼키며…"

훈계를 듣는다는 것은…

잠언은 우리가 부모의 훈계를 들을 준비가 되어 있어야 한다고 가르칩니다. 부모님의 훈계를 무시하는 사람은 어리석은 사람입니다.

"지혜로운 아들 딸들은 아버지의 가르침을 듣지만, 광대는 꾸지람을 듣지 않는다."

부모의 훈계뿐만 아니라 다른 사람의 조언도 들을 줄 알아야 합니다. 잠언은 자식을 사랑하는 사람이라면 자식의 잘못을 바로잡는 것 또한 사랑하는 것이라고 가르치고 있습니다. 또한 어리석은 사람은 자신이 항상 옳다고 생각 한다고도 가르칩니다.

세 번째 잠언은 적의 입맞춤을 받는 것보다 친구에게 상처를 입는 것이 더 낫다고 가르치기까지 합니다. 다르게 표현하면, 바른 길로 인도하기 위해 우리를 혼내는 사람의 훈계가 다른 사람의 아첨보다 더 귀하다는 것입니다.

잠언이 우리에게 전하는 또 하나의 가르침은 바로 비판을 들으면서 더욱 깊은 생각으로 나아갈 수 있다는 것입니다.

"쇠붙이는 쇠붙이로 쳐야 날이 날카롭게 서듯이, 사람도 친구와 부대껴야 지혜가 예리해 진다."

어떤 사람이 당신의 생각을 비판 한다면, 그 사람을 공격하지 마십시오. 어쩌면 그 사람의 비판으로부터 소중한 것을 배울 수도 있을 것입니다.

"훈계의 말을 멸시하는 사람은 스스로 망한다."

한 번 더 생각해 봅시다

1. 쇠붙이가 서로 부딪쳐 날카로워진다는 말은 다른 사람의 비판을 듣는 것과 관련이 있는 말인가요?
2. (a) 친구와의 의리 (b) 학교 공부나 운동을 할 때에 지켜야 할 정직함 (c) 다른 사람의 비판을 받아들이는 일에 대한 여러분만의 잠언을 만들어 봅시다.

이런 이야기를 들어보셨나요?

첫 번째 성전은 기원전 950년에 솔로몬에 의해 지어졌습니다. 두 번째 성전은 기원전 520년부터 515년 사이, 즉 바빌론에 잡혀있던 유대인들이 최초로 예루살렘으로 돌아온 첫 번째 포로귀환 이후에 지어진 것입니다. 기원전 165년, 유다 마카비가 되찾아와 정화한 성전이 바로 이 두 번째 성전입니다. 다시 지어진 지 대략 150년이 지나고 이 두 번째 성전도 C.E 70년 경 아브월 10일, 로마군에 의해 무너지고 말았습니다.

다섯 두루마리

므길라(מְגִלָּה)라는 단어를 보면 무슨 생각이 떠오르나요? 일단 "모든 므길라", 즉 "모든 이야기"라는 표현은 이미 들어 보았을 텐데요, 이 단어를 보면 먼저 부림절 날 회당에서 배운 에스더 여왕의 이야기가 먼저 떠오를 것입니다.

사실 므길라 라는 말은 '두루마리'라는 뜻입니다. 에스더서 말고도 네 권의 두루마리가 더 있습니다. 다섯 권의 두루마리는 모두 성경의 커투빔에 수록되어 있으며, 각 두루마리는 매년 유대교 달력에서 특별한 날을 정하여 낭독하게 됩니다.

아래 내용을 읽고 다음의 질문에 답해 보세요.

다섯 두루마리는 무엇입니까? 이 책들은 언제 읽습니까?

첫 번째 두루마리는 아가서, 히브리어로는 쉬르 하쉬림(שִׁיר הַשִּׁירִים)이라고 부릅니다.

아가서는 흔히 '봄 명절'이라 불리는 유월절에 낭독합니다. 따뜻한 봄날의 두 연인에 대해 노래하는 아가서로 부터 영향을 받은 사람들로 인하여 전 세계 각국의 언어로 사랑의 시들이 많이 지어졌으며, 그 중에는 매우 아름답다는 평가를 받는 뛰어난 시들도 있습니다.

탈무드의 한 랍비는 아가서가 하나님과 그 자녀 이스라엘의 사랑을 다루는 것이라고 결론을 내렸습니다. 실제로 하나님께서 이스라엘을 노예 생활에서 구원하신 때도 봄입니다.

오순절에는 하나님께서 토라를 우리에게 선물로 주신 것을 기억합니다. 뿐만 아니라 오순절은 약속의 땅에서 난 작물을 예루살렘 성전에서 하나님께 바친 첫 날 이기도 합니다. 이 날 우리는 두 번째 두루마리인 룻기를 읽습니다. 그 이유는 두 가지가 있는데, 첫째로는 룻기의 이야기가 봄철 수확기에 일어난 일이기 때문입니다. 두 번째, 나오미의 며느리였던 이방인 룻이 토라의 율법을 받아 들였기 때문입니다.

세 번째 두루마리인 애가에는 슬픈 말만 가득합니다. 우리는 이 예레미야 애가를 티샤 브아브(Tisha b'Av), 즉 아브월 9일■에 읽습니다. 여름철인 아브월 9일은 예루살렘의 첫 번째 성전과 두 번째 성전이 파괴된 날입니다. 첫 번째 성전은 기원전 586년 바빌론 왕에 의해 파괴 되었습니다. 이 날 많은 유대인들이 죽임을 당하거나 포로가 되어 바빌론으로 끌려갔습니다.

예레미야 애가는 이 날, 유대인의 나라가 무너진 것을 슬퍼하는 슬픔의 노래입니다. 그러나 예레미야 애가는 토라 돌판을 법궤로 다시 돌려놓는 날 안식일과 절기를 지킬 것이라고 하나님께 기도하며 끝납니다.

"주님, 우리를 주님께로 돌이켜 주십시오.
우리가 주님께로 돌아가겠습니다.
우리의 날을 다시 새롭게 하셔서,
옛날과 같게 하여 주십시오."

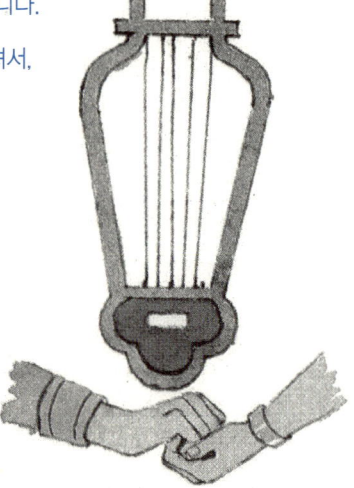
(룻기)

(아가)

■ 아브월 9일은 인간력으로는 11월 9일이며 종교력으로 5월 9일 입니다. 태양력으로 이 날은 7월 하순에서 8월 초에 옵니다.

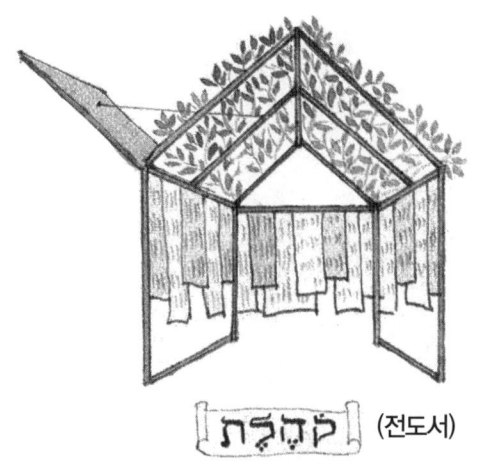

(전도서)

(에스더)

(애가)

한 이스라엘 예술가가 커투빔의 므길로트에 속한 책들 하나 하나를 그림으로 표현한 것입니다.
므길로트는 5개의 두루마리로 5권의 책을 가리킵니다. 다섯권은 아가서, 룻기, 애가, 전도서, 에스더입니다.

네 번째 두루마리는 가을날 수확기에 지키는 명절인 초막절에 읽습니다. 바로 전도서인데, 전도서의 히브리어 이름은 회중에서 말하는 모임이라는 뜻입니다.

전도서의 내용 대부분은 인간 존재를 진지하게 고찰하는 내용으로 채워져 있습니다. 이 책은 하나님을 경외하고 그분의 계명을 지키지 않는다면 이 삶은 그저 목적 없이 흘러가는 인생이라는 것을 가르치고 있습니다.

솔로몬 왕은 젊었을 때, 즉 인생의 봄날에 아가서를 쓰고 나이가 들었을 때, 즉 인생의 가을철에 전도서를 썼다고 말할 수 있습니다.

다섯 번째 두루마리는 에스더서 입니다. 에스더서는 부림절의 역사에 대해 말하고 있으므로, 우리가 부림절에 에스더서를 읽는다는 것은 두말할 필요도 없을 것이라고 유대인들은 말합니다.

초막절이 다가오면 유대인 가게에서는 초막절에 필요한 물품을 준비해놓고 판매합니다.

ⓘ 한 번 더 생각해 봅시다

1. 다섯 두루마리 중 다른 두루마리 책들보다 더 슬픈 내용을 담은 책 두 권을 찾아 봅시다.
2. 많은 사람들이 다른 책들보다 에스더서에 더 친숙하다고 합니다. 그 이유는 무엇인지 설명할 수 있나요?

제6장

לְשׁוֹן הַקֹּדֶשׁ

LESHON HAKODESH

러숀 하코데쉬

'러숀 하코데쉬'는 '거룩한 언어'라는 뜻으로, 탈무드의 랍비들이 히브리어를 부르는 명칭입니다. 히브리어가 '거룩한 언어'로 불리게 된 이유는, 하나님께서 토라를 기록하실 때, 히브리어를 사용하셨기 때문입니다. 다시 말해서 토라의 언어가 히브리어이기 때문입니다.

엘리에셀 벤 예후다는 현대 히브리어의 아버지입니다.

13세기에 작성된 하가다에 삽입된 이 그림은 하나님께서 이집트에 내리신 열 가지 재앙 중 네 번째 재앙을 표현하고 있습니다.

옛날 옛적에, 랍비들은 토라를 읽고 연구하는 가운데 한 가지 의문이 일어나기 시작 하였습니다. 그것은 다름 아닌 토라를 시작하는 단어 '버레이쉬트(בְּרֵאשִׁית)'에 관한 것입니다.

토라의 첫 번째 책인 창세기를 시작하는 히브리어 단어의 첫 번째 문자는 히브리어 알파벳의 두 번째 문자인 베이트(ב)입니다. 랍비들은 창세기를 시작하는 첫 번째 단어가 왜 베이트(ב)로 시작하는지 궁금해졌습니다.

고대 랍비들은 히브리어는 거룩한 언어이기 때문에, 모든 알파벳이 거룩하며, 심지어 알파벳의 순서까지도 거룩하다는 것을 깨달았다고 말하였습니다. 그러므로 그들은 연구하기 시작 하였습니다.

'왜 토라는 히브리어 첫 번째 알파벳인 알레프(א)가 아닌 두 번째 알파벳인 베이트(ב)로 시작하는 것일까?'

히브리어의 모든 알파벳과 알파벳 순서까지 거룩하다는 것을 찾아낸 랍비들은, 자신들이 히브리어를 얼마나 거룩하게 여기고 있는 지 잘 보여주고 있습니다.

왜 토라가 히브리어 두 번째 문자인 베이트(ב)로 시작 하였는지에 대하여 설명하는 랍비들의 이야기를 들어 보면서 그들의 신앙관을 들여다보는 시간이 되기를 바랍니다. 그들이 이 문제에 답을 주기 위하여 예로 사용하는 다양한 이야기가 있는데, 그 중에서 가장 간단한 이야기를 한 가지 읽어 보려 합니다.

히브리어의 첫 번째 문자인 알레프(א)는 '하나님 엘로힘(אלהים)'을 시작하는 알파벳이며, '사랑하다(אהב)', '하나이다(אחד)', '진리(אמת)', '음식(אוכל)' 등 좋은 말은 대부분 알레프(א)로 시작 하였는데, 왜 성경은 히브리어 두 번째 알파벳으로 시작 하였는가에 대한 의문이 랍비들에게 일어났던 것입니다.

그래서 그들이 찾아 낸 첫 번째 대답은, '저주받은'이라는 히브리어 단어 '아루르(אָרוּר, 저주받은)'가 히브리어의 알파벳 첫 번째 알파벳인 알레프로 시작하기 때문에, 하나님은 복과 생명을 주는 토라를 '저주받은'이라는 단어를 시작하는데 사용한 알파벳을 사용할 수 없었다는 것입니다.

그들이 그렇게 강하게 주장하는 이유는, 토라는 저주가 아닌 하나님의 축복의 말씀이기 때문입니다. 그러므로 토라는 '저주'가 아닌 '축복'(בְּרָכָה, 바루흐)으로 말씀을 시작하신 것이 당연하다고 랍비들은 믿었던 것입니다.

우리는 본 장에서 '거룩한 언어'인 히브리어 알파벳이 토라의 가르침을 기억하게 해준다는 사실을 배우게 될 것입니다. 뿐만 아니라 토라를 기록한 '거룩한 언어'를 현대 유대인들이 다시 사용할 수 있도록 만든 '엘리에셀 벤 예후다'에 대해서도 공부하게 될 것입니다.

⭐ 우리가 새롭게 배우게 될 교훈

1. '거룩한 언어'인 히브리어의 알파벳은 우리가 토라의 가르침을 더 잘 기억할 수 있도록 만들어 줍니다.
2. 현대 히브리어의 아버지는 '엘리에셀 벤 예후다'라는 것을 알게 될 것입니다.

히브리어 알파벳은 우리가 토라 공부하는 것을 도와줍니다

여러분은 시험공부 할 때, 지금까지 공부한 것을 정리하여, 몇 가지 중요한 포인트를 중심으로 암기해본 적이 있는지요? 아니면 어떤 것들의 이

이런 이야기를 들어보셨나요?
출 34:6-7을 읽어보시면 하나님의 은혜로우신 성품 13가지를 찾을 수 있습니다.

름들을 암기 하여야할 경우 그것들의 첫 글자만을 암기하는 방법을 사용하여 모든 것들의 이름이 생각나도록 공부해 본 적은 없으신지요?

사람들은 이것을 연상기억법이라고 부르는 방법이지요. 예를 들어 태양계 행성의 순서인 수성, 금성, 지구, 화성, 목성, 토성, 천왕성, 해왕성을 순서대로 암기할 때, 그 첫 글자만 따서 '수금지화목토천해'라고 외우는 것처럼 말입니다.

탈무드의 랍비들도 같은 방식으로 거룩한 히브리어 알파벳을 사용하여 토라를 쉽게 암기할 수 있도록 방법을 찾아내었습니다.

다음 이야기를 읽고 아래 질문에 답해보세요.

히브리어 알파벳을 사용하여 토라를 쉽게 공부하는 방법을 찾을 수 있나요? 있다면 어떻게 하면 되는지요.

책의 후미에 나와 있는 히브리어 알파벳 표(p.225)에서 볼 수 있는 것처럼, 총 22개의 히브리어 알파벳은 각자 고유의 숫자를 가지고 있습니다. 즉 거룩한 히브리어의 모든 알파벳이 수를 의미하기 때문에, 알파벳으로 이루어진 히브리어 단어도 고유의 수를 가지고 있다는 말입니다. 그러므로 단어가 가지는 수를 찾으려면, 단어를 이루는 알파벳이 가지고 있는 고유의 수를 모두 더하면 됩니다. 이 수를 통해 토라의 중요한 가르침들을 쉽게 외울 수 있다고 랍비들은 말합니다.

예를 들어봅시다. 토라에서 하나님에 대해 알려주는 가장 중요한 가르침은 바로 '슈마 이스라엘(שְׁמַע יִשְׂרָאֵל)', 즉 '들으라 이스라엘아'라는 문장입니다. '슈마'는 우리에게 하나님은 오직 한 분이시라는 것을 가르쳐 주는데, 이 뜻을 가진 히브리어는 에하드(אֶחָד, 하나)입니다. '하나'라는 히브리어 단어가 가지는 수는 세 알파벳이 가지는 수를 모두 합한 수입니다.

제6장 러숀 하코데쉬

'하나'라는 히브리어 단어가 가지는 세 알파벳의 수는, 첫 번째 것이 1이며, 두 번째 알파벳의 수는 8이며, 마지막 알파벳의 수는 4이므로 모두 합하면 13이 됩니다.

히브리 토라 학자들은 13이라는 수는 매우 중요한 수라는 것을 발견 하였다고 말하였습니다. 왜냐하면 토라에는 하나님께서 하나님의 자녀들에게 열세 가지 자비를 보여주셨는데, 바로 그것을 생각나게 만들어 주기 때문이라고 하였습니다.

유대인들이 유월절에 읽는 하가다에 수록된 노래인 '에하드 미 요데아 (אֶחָד מִי יוֹדֵעַ)'(……오직 한 분이신 분은 누구인가)는 하나님께서 오직 한 분이시라는 말로 시작하여 하나님께서 보여주신 열세 가지 자비로 끝을 맺습니다.

또한 유월절 하가다는 알파벳 순서에 따른 토라 공부법을 하나 더 보여주고 있습니다. 유대인들은 유월절에 "다예누"라는 노래를 부르기 직전에, 하나님께서 이집트에 내리신 열 가지 재앙을 차례로 말합니다.

이 열 가지 재앙을 하나씩 말할 때마다 포도주를 접시에 한 방울씩 떨어뜨린 후에 '디짜흐 아다쉬 버아하브(דְּצַ"ךְ עֲדַ"שׁ בְּאַחַ"ב)'라고 말하는데, 이 말은 랍비 예후다가 열 가지 재앙을 가리키는 히브리어 단어의 머리 글자를 따서 만든 세 단어입니다.

랍비 예후다가 열 가지 재앙을 세 개의 단어로 나눈 이유는 무엇일까요? 처음 세 가지 재앙은 피의 재앙과 개구리의 재앙, 그리고 이가 들끓는 재앙(דָּם, צְפַרְדֵּעַ, כִּנִּים 담, 쯔파르데이야, 키님)입니다.

이 재앙들은 하나님의 말씀을 따라, 아론이 그의 지팡이를 가지고 갔을 때, 차례로 일어 났습니다. 두 번째 그룹의 세 가지 재앙은, 파리가 들끓었고, 가축들이 병으로 죽었으며, 종기가 퍼지는(עָרֹב, דֶּבֶר, שְׁחִין 아로브, 데베

이런 이야기를 들어보셨나요?
여러분은 토라가 히브리어 두번째 문자인 베이트(ב)로 시작한다는 것을 알고있습니다. 하나님은 토라를 기록할 때 두번째 문자로 시작했는지 알기 원하면 창세기 라바 1:10을 읽어 보세요.

텔 아비브 길거리에서 볼 수 있는 현대 히브리어 간판입니다. 영어도 함께 적혀있는 것을 볼 수 있습니다. 거룩한 히브리어를 평소에 사용할 수 있도록 만든 사람은 바로 엘리에셀 벤 예후다입니다.

르, 슈힌) 재앙으로, 이것은 모세가 지팡이를 가지지 않고 파라오를 찾아갔을 때, 일어난 것들입니다.

마지막 세 번째 그룹의 네 가지 재앙인 우박과 불덩이, 메뚜기 떼, 어둠, 그리고 첫째 자녀의 죽음(בָּרָד, אַרְבֶּה, חֹשֶׁךְ, מַכַּת בְּכוֹרוֹת 바라드, 아르베, 호쉐흐, 마카트 버코로트)의 재앙 때에는 모세가 지팡이를 들고 바로를 찾아왔습니다. 랍비 예후다가 만든 세 단어는 열 가지 재앙의 이름과 순서를 외우는 것뿐만 아니라, 열 가지 재앙을 구분하는 데에도 도움을 줍니다.

유명한 후마쉬(오경) 주석가인 라쉬는 토라에 담긴 수많은 지혜를 기억하기 위해, 우리 모두가 각자 자신만의 히브리어를 사용하는 공부 방법을 익힌다면 매우 유용할 것이라고 말했습니다.

제6장 러숀 하코데쉬

이제 위의 두 가지 히브리어 공부 방법을 익혔으니, 여러분도 거룩한 히브리어의 알파벳을 사용하여 토라를 더욱 쉽게 공부할 수 있는 방법을 찾아보시기 바랍니다.

❗ 한 번 더 생각해 봅시다

1. 랍비들은 포도주를 뜻하는 히브리어 단어인 야인(יין)과 비밀이라는 뜻의 히브리어 단어인 소드(סוד)의 수가 똑같다는 점이 우리에게 큰 흥미를 준다고 말했습니다. 이 두 단어의 수는 얼마일까요? 랍비들이 위와 같이 생각한 이유는 무엇일까요?
2. 다른 나라 사람들도 그들 언어의 알파벳에 숫자를 대입하여 암호로 쓰기도 합니다. 한 문장을 만들어 보세요. 그 문장을 숫자로 만든 후 친구에게 주어 친구가 그 문장을 해석할 수 있는지 확인해 보세요.

현대 유대인들이 거룩한 언어인 히브리어로 말하기까지

유대인들은 학교에서 히브리어를 배울 때, 최소 두 가지 방식으로 히브리어를 공부한다고 말합니다. 하나는 아주 오래 전부터 그들의 조상들이 사용하던 기도문을 읽고 공부하면서 배우는 방법이고, 또 하나는 오늘날 이스라엘에서 평상시에 사용하는 히브리어 회화를 공부하는 것입니다.

여러분은 거룩한 언어인 히브리어가 일상 대화에서 사용되면 안 된다는 말을 들으면 매우 이상하게 생각할지 모르겠습니다. 그러나 유대인들이 바빌론의 포로가 된 때로 부터 최근까지 몇몇 유대인들은 거룩한 히브리어는 너무나 거룩하기 때문에 일상 대화에서는 사용 되어서는 안 된다고 생각해 왔습니다. 그러나 한 사람이 이러한 생각을 완전히 바꾼 것으로 유명합니다. 그 사람이 바로 엘리에셀 벤 예후다 입니다.

그가 행한 일을 읽고 다음의 질문에 여러분 스스로 답을 해보세요.

엘리에셀 벤 예후다는 어떻게 히브리어를 우리의 일상 언어로 바꾸었나요?

엘리에셀 벤 예후다: 현대 히브리어의 아버지

엘리에셀 벤 예후다는 1858년 동유럽에서 태어났습니다. 유럽의 정치적인 소용돌이 속에서 어려운 상황을 겪으며, 그는 유대인들이 다른 민족들과 마찬가지로 자기 민족의 땅과 글을 가져야 한다고 생각하게 되었습니다. 그리하여 그는 23세가 되던 해에, 자기가 태어난 유럽을 떠나 약속의 땅으로 향하였습니다.

약속의 땅에 도착 하자마자, 벤 예후다는 아내와 히브리어로만 대화 하기로 약속 하였습니다. 예후다의 아들은 자연스럽게 집에서 히브리어를 모국어로 들으며 자란 첫 번째 세대가 되었습니다.

벤 예후다는 '거룩한 언어'인 히브리어를 우리가 일상에서 사용하는 언어로 바꾸기 위해 새로운 단어들을 많이 만들어야 한다는 것도 알고 있었습니다. 왜냐하면 현대문명이 발달하고 사회가 복잡하여 지면서 성경의 어휘만으로는 부족하였기 때문입니다.

사실 수 세기 동안 과학이 발전하며 발견된 새로운 것들과 정치, 문학이 발전하며 생겨난 새로운 단어들을 표현할 수 있는 말이 고전 히브리어에는 없었습니다. 벤 예후다는 이 단어들을 표현할 수 있는 새로운 단어들을 만들기 시작했습니다.

뿐만 아니라 고전 히브리어를 현대어로 바꾸면서 그는 '고전/현대 히브리어 사전'을 만들기 시작했습니다. 이 사전은 그가 세상을 떠나기 전인

1922년에 일부가 출판되었고, 그가 죽자 그의 아내가 1951년 세상을 떠나기까지 그의 작업을 이어 받았습니다. 예후다의 히브리어 사전의 마지막 권인 17번째 책은 1959년 출판 되었습니다.

벤 예후다는 이스라엘 국가가 세워지고 히브리어가 이스라엘의 공용어가 되는 것을 보지는 못했습니다. 그러나 이스라엘은 그의 노력을 잊지 않고 있습니다. 이스라엘의 수도 예루살렘의 중심가뿐만 아니라 이스라엘의 중요한 도시 중심가에는 '벤 예후다 길'이라는 이름을 가진 도로가 있습니다.

❗ 한 번 더 생각해 봅시다

1. 벤 예후다가 히브리어로 새로운 단어들을 만들어야 했던 이유는 무엇인가요?
2. 아직까지도 몇몇 유대인들은 거룩한 언어를 일상에서 사용하는 언어로 바꾼 예후다의 노력을 크게 반대하고 있습니다. 그들이 예후다를 반대하는 이유를 생각해 보고, 예후다의 입장에서 그들에게 반박해 보세요.

제7장

מִדְרָשׁ

MIDRASH

미드라쉬

미드라쉬는 성경 해석을 위해 발전된 유대 문학의 한 지류입니다. 성경 해석은 대략 2,500년 전 유대인들이 바빌론에서 포로 생활을 하다가 해방되어 이스라엘로 돌아왔을 때 부터 시작되었습니다.

"미드라쉬"라는 말은 히브리어 다라쉬(דָּרַשׁ)라는 단어로부터 파생 되었는데 그 뜻은 '조사하다', '찾다', '연구하다'라는 의미입니다. 여러분이 성경 해석의 몇몇 방법들을 바르게 적용 한다면, 토라에서 새로운 의미를 발견 할 것이며, 새로운 의미를 발견하는 순간 여러분은 매우 기쁠 것입니다.'

유월절 밤에는 '미드라쉬'에 나오는 유월절 아가다(이야기)를 읽습니다.

아브라함의 아버지는 이 사진에 나오는 것과 같이 수메르 땅의 우상들을 만드는 사람 이었습니다. '수메르' 는 '갈대아 우르'로 아브라함의 고향입니다.

왼쪽 면에 있는 사진에 나오는 것은 아주 오래 전에 만들어진 우상 가운데 하나입니다. 아브라함의 아버지 데라는 이와 같은 우상들을 만들었으며, 그것들을 파는 사람이었습니다.

아브라함과 그의 아버지가 만든 우상 이야기는 사실 후마쉬(토라, 오경)에는 나오지 않지만, 유대인 미드라쉬를 읽어보면, 아브라함의 아버지 데라가 우상을 만들었으며, 그것을 판 것과 관련 된 이야기는 많이 있습니다. 수많은 사람들이 미드라쉬를 읽었기 때문에 아브라함의 아버지와 연관된 많은 이야기를 이미 알고 있습니다.

데라는 바깥에서 일을 하기 위하여 외출 할 때는 아브라함에게 우상을 파는 가게를 맡겨놓고 나갔습니다. 그러던 어느 날, 한 남자가 우상을 사기 위하여 데라의 가게에 왔습니다. 찾아 온 손님에게 아브라함은 이렇게 말했습니다.

"당신처럼 오랜 세월을 산 경험 많은 어르신이 우리 아버지가 오늘 아침에 만든 우상을 섬길 수 있나요?"

그러자 그 손님은 깊은 생각에 잠겨 우상을 사지 않고 집으로 돌아갔습니다. 또 다른 어느 날 한 여인이 곡식 가루를 담은 쟁반을 들고 데라의 우상 가게에 왔습니다. 그때도 아브라함이 가게를 보고 있었습니다. 그 여인은 아브라함에게 말했습니다.

"이 곡식 가루를 우상에게 제물로 드려 주세요."

그녀가 떠나자 아브라함은 막대기를 가져와 가장 큰 우상 하나를 남기고 나머지 우상을 모조리 부숴 버렸습니다. 그리고는 우상을 부순 막대기를 하나 남은 우상의 손에 들려 주었습니다. 그리고 아브라함은 그 우상 앞에 제사상을 가져다 놓고, 그 여인이 가져온 제물을 그 위에 올려 놓았습니다.

얼마 후 데라가 가게에 돌아 왔습니다. 그리고 화를 내며 아들 아브라함에 물었습니다.

"대체 무슨 일이 일어난 게냐? 어찌 이런 일이 일어났느냐? 왜 이 우상들이 다 부서져 있느냐?"

아브라함이 천연덕스럽게 답했습니다.

"어떤 여인이 곡물 가루를 담은 쟁반을 가져와 우상에게 바쳐 달라고 부탁했어요. 그래서 가장 큰 우상 앞에 상을 가져다 놓고 그 제물을 올려 놓자마자, 음식을 먹고 싶어 하는 우상들이 서로 싸우기 시작 했어요. 그런데 제일 큰 이 우상이 막대기를 들고 다른 우상들을 다 부숴 버렸어요. 그래서 이렇게 난장판이 되었어요."

데라는 분을 참지 못하고 아브라함에게 소리쳤습니다.

"아들아! 내가 믿을 만한 소리를 해라! 내가 만든 이 우상들은 말도 할 줄 모르고, 생각도 없다! 팔. 다리가 있어도 움직이지 못한다."

그러자 아브라함이 말했습니다.

"아버지, 그럼 왜 이 우상들 앞에 절을 합니까? 우리가 예배해야 할 분은 오직 한 분 뿐 인데 말입니다."

이 미드라쉬는 아브라함 이전 사람들이 한 분 하나님이 아닌 여러 우상들을 섬겼다는 성경적 견해를 기반으로 만들어진 성경 해석입니다.

우리는 이 장에서 위에 나오는 미드라쉬 외에 다른 미드라쉬도 읽어 볼 것입니다. 먼저 많은 미드라쉬를 담고 있는 유월절 아가다를 읽고, 배운 다음, 미드라쉬를 통해 후마쉬(토라. 오경)의 구절들을 해석하며, 새로운 교훈과 도덕적 교훈을 얻는 방법을 공부할 것입니다.

⭐ 우리가 새롭게 배우게 될 교훈

1. 미드라쉬를 통해 성경에 나오는 하나님의 법의 의미를 발견하고, 성

경의 법이 가르치는 교훈을 발견하게 될 것입니다.
2. 미드라쉬는 율법을 가르치기 보다는, 말씀의 의미를 통하여 유대인의 신앙전통과 정신을 가르침에 더 많이 집중합니다.

유월절 아가다: 오래된 미드라쉬, 친숙한 미드라쉬

유월절에 유대인들은 가정과 회당에서 유월절 아가다를 읽습니다. 그렇게 함으로서 미드라쉬의 뿌리가 되는 성경 말씀 토라를 연구했던 랍비들의 가르침과 교훈을 조금이나마 따라할 기회를 얻게 됩니다. 유월절 아가다에는 많은 학자들이 남긴 다양한 해석 방법이 기록되어 있습니다.

유대인들은 다양한 성경해석 방법으로 성경을 해석하면서 큰 기쁨을 얻습니다. 아래에 나오는 이야기를 읽고 다음의 질문에 스스로 답을 찾아 보세요.

아가다에 기록된 미드라쉬는 유대인들이 세상에 살아가면서 행해야 하는 선한 일들에 대한 교훈을 가르쳐 주면서, 동시에 그들이 지켜야할 법과 의무를 어떻게 정해 주는지 적어 보세요.

"주께서 나를 위해 행하신 일들로"

여러분은 어떤 새로운 책을 읽을 때 어떻게 읽나요? 먼저 읽은 문장의 의미를 알고, 그 문장의 앞뒤에 있는 문장이 어떻게 연결되는 지를 볼 수 있다면 여러분은 책을 제대로 읽는다고 할 수 있을 것입니다.

그러나 랍비들은 성경을 읽는 방법은 다르다 하였습니다. 왜냐하면 성경은 '그냥 책'이 아닙니다. '하나님의 말씀이 기록된 책'이기 때문입니다. 그러기에 랍비들은 거룩한 책, 성경의 모든 문장들이 가능한 한 여러 각도에서 신중하게 이해되어야 한다고 생각했습니다.

출애굽기에 나오는 이집트 탈출 기사를 주의 깊게 읽어보면, 하나님께서는 모세를 통해 유월절 법을 새롭게 만들어 주신 것을 알 수 있습니다. 모세는 유대인들에게 가르쳤습니다.

이제 앞으로 매년 유월절을 기념하면서, 명절 기간 내내 하메츠(누룩이 들어간 빵)대신 마짜(누룩이 없는 빵)를 먹어야 합니다. 또한 출애굽기에는 다음과 같은 말씀도 있습니다.

"이 날에 너는 네 아들에게 반드시 말하여야 한다. '이집트에서 떠나던 날 주께서 우리를 위해 행하신 일들이다.'"

18세기 네덜란드 아가다에 나오는 네 아들들

이 구문이 가르치는 교훈은, 유월절 아가다를 기록하고 있는 많은 미드라쉬에서 쉽게 찾을 수 있습니다. 오른쪽에 있는 그림에 나오는 네 명의 아들들은 수많은 아가다에서 볼 수 있습니다. 왜 그럴까요? 토라에는 '아들'이라는 단어가 이 문장 뿐 만 아니라 다른 세 문장에서도 나오기 때문입니다. 이집트에서 탈출한 이야기를 이들에게 말해주는 것이 얼마나 중요한 지를 강조하여 가르치는 것입니다. 이 미드라쉬를 통해 랍비들은 이 네 문장을 서로 다른 네 아이들로 해석하고 있습니다. 이 해석에 따르면, 위에 말한 문장에 나오는 아이는 아직 자기 스스로 질문을 할 수 없는 나이의 어린 아이입니다. 그러므로 부모는 그런 아이에게 먼저 출애굽기를 주제로 유월절에 관하여 말해 주어야 합니다.

두 번째 미드라쉬는 다른 관점에서 접근하고 있습니다. 이 문장에는 아이가 '그 날에' 출애굽 이야기를 들어야 한다고 합니다. 물론 '그 날'은 출애굽을 기념하는 날이라는 뜻입니다. '그 날에'라는 단어는 낮을 뜻하는 걸까요? 그렇다면 낮에 출애굽 이야기를 해야 할까요? 만일 그렇다면 부모님들은 왜 아이에게 이 이야기를 유월절 '밤'에 전해 줄까요?

여기서 토라의 다른 구절을 보아야 합니다.

"이는 주께서 우리에게 행하신 일들로 인한 것이다"

미드라쉬에 따르면, '이는'이라는 말은 유월절 밤에 우리가 식탁에 놓는 마짜와 마로르(맛이 쓴 식물)를 뜻합니다. 그래서 랍비들은 이 이야기를 밤에 아이들에게 전해 주어야 한다고 결론을 내렸습니다.

세 번째 미드라쉬는 또 다른 단어에 주목하고 있습니다. 바로 '나'라는 말입니다. 태어나기도 한참 전, 수백 년 전에 일어난 출애굽 사건이 진실로 일어났다 하더라도 마치 그 일이 '나' 자신에게 일어난 것처럼, 하나님께서 '나'를 이집트에서 탈출 하도록 만드신 것이라고 생각해야 한다는 말입니다. 이 해석은 우리 유대인의 정체성을 만들어주는 기본 중의 기본입니다. 우리는 한 때 노예 신세였으나 하나님께서 나를 위해 행하신 일 때문에 자유롭게 된 것입니다.

이처럼 유대인들은 미드라쉬를 통해, 한 문장 안에서 많은 교훈과 가르침들을 발견할 수 있다고 가르치며, 그것으로 부터 다양한 교훈을 찾아 후대에 전수하려 합니다.

어떤 미드라쉬는 이 문장을 통해 부모가 어떤 아이에게 출애굽 이야기를 말해주어야 하는지를 가르쳐 줍니다. 다른 미드라쉬는 이 문장을 통해 유월절 이야기를 왜 밤에 전해주어야 하는지에 관하여 설명 합니다. 또 다른 미드라쉬는 유대인의 정체성에 대한 가르침을 전해주고 있습니다.

🔵 한 번 더 생각해 봅시다

1. 미드라쉬를 통해 많은 의미가 밝혀진 하나의 성경 구절을 찾아봅시다.
2. 우리 유대인이 노예 신세에서 자유를 얻은 사람들이라면, 우리는 괴롭힘을 당하고 억눌린 다른 사람들을 어떻게 대해야 할까요?

찾아 봅시다

아브라함과 데라의 이야기는 창세기 라바 38:13절에 나옵니다. "이 날에 너는 네 아들에게 이렇게 말하라. '이집트에서 떠나던 날 주께서 나를 위해 행하신 일들로 인한 것이다.'"라는 하나님의 명령은 출애굽기 13:8에서 찾을 수 있습니다. 아브라함이 세 천사를 친절하게 맞이하는 이야기는 창세기 18:1-8 까지에서 찾을 수 있습니다.

미드라쉬에서 발견하는 교훈과 윤리

여러분이 다니는 회당의 랍비께서 매주 안식일마다 토라를 읽으시며 도덕적인 교훈을 알려주시지 않으시나요? 랍비께서 토라에 나오는 사건들과 현재 우리가 살아가는 삶을 연결해서 설교 하시지는 않나요? 그렇다면 여러분의 랍비께서는 미드라쉬를 따라 성경을 연구했던 학자들의 발자취를 따르고 계신 것입니다. 다음에 나오는 미드라쉬를 읽고 아래 질문에 스스로 답을 찾아 적어 보세요.

미드라쉬는 모세가 친절한 사람이었다는 것을 어떻게 보여 주나요?

이드로의 집으로

모세가 이스라엘 자손을 이끌고 이집트를 나온 후, 그의 장인이었던 이드로가 시내산 광야에 있는 모세를 찾아 왔습니다. 이드로는 유대인이 아닌 미디안의 제사장 이었습니다. 그러나 이드로는 모세로부터 하나님께서 행하신 놀라운 일, 즉 이집트에서 이스라엘 백성들을 구원하신 일에 관한 설명을 듣고 이렇게 말했습니다.

"이제 하나님께서 다른 모든 신들보다 더욱 뛰어나신 분임을 알겠구나."

그리고는 하나님께 희생 제사를 드리고 모세의 형제인 아론과 다른 이스라엘 장로들과 함께 음식을 나누었습니다.

토라의 이 부분을 연구하면서 랍비들은 한 가지 궁금증이 생겼습니다. "토라에는 왜 모세가 함께 음식을 나누었다는 말은 나오지 않는가?"

미드라쉬에 따르면, 모세는 이드로와 함께 음식을 먹지 않았기 때문에 위 구절에서 빠져 있다고 합니다.

모세는 아브라함이 자기 집으로 세 명의 나그네를 받아 들였을 때, 그들을 수종들었지 그들과 함께 음식을 먹지 않았습니다. 이와 마찬가지로

이런 이야기를 들어보셨나요?
'친절한'이라는 뜻의 영어 단어 'hospitable'은 '손님을 맞이하다'라는 뜻의 라틴어에서 나온 말이라는 것을 들어 보셨습니까? 똑같은 뜻의 라틴어에서 나온 또 다른 단어가 있는데, 바로 '환대'라는 뜻의 'hospitality'라는 말입니다. 이 말처럼 하나님 말씀에는 손님이나 이방인을 따뜻하게 대하라는 계명이 있습니다. 똑같은 어원을 가진 말은 바로 병원이라는 뜻의 'hospital'입니다. 이 말은 아주 먼 옛날, 제일 처음 세워진 병원은, 아픈 사람들을 치료해 줄 뿐 만 아니라, 도움이 필요한 사람들과 집이 없는 사람들의 피난처 역할도 했기 때문에 생겨난 단어입니다.

친절에 대해 설명하는 미드라쉬는 아브라함이 세 명의 나그네를 초대하여 보여주었던 친절과 환대에 대해 말하고 있습니다.

모세는 아브라함이 손님을 접대하는 방법을 따라 그들을 수종 들었기 때문에 그들과 함께 식사하지 않았다 합니다.

이 미드라쉬는 여기서 끝나지 않고, 랍비들의 시대에 일어났던 이야기를 함께 소개하면서 친절과 환대에 관한 계명을 가르치고 있습니다.

산헤드린(유대교의 최고 회의)의 의장이었던 라반 가말리엘이 어느 날, 만찬을 열고 자신과 함께 토라를 연구하던 훌륭한 랍비들을 초대하였습니다. 랍비들은 그의 초대를 받고 매우 행복해 하였습니다.

그러나 만찬을 즐기던 랍비들 중 몇 명은 가말리엘이 자기가 초대한 사람들의 시중을 자신이 직접 들려 하는 것을 보고 의아해 했습니다. 결국 손님들 가운데 한 명인 랍비 여호수아가 나머지 랍비들을 안심시키며 이렇게 말했습니다.

교직원과 학생들, 그리고 손님들이 아름답게 꾸며진 뉴욕의 유대인 신학교에 세워진 초막(수카)에 모여 식사를 하고 있습니다. 손님을 맞이하여 접대하는 일은 초막절의 정신이기도 합니다.

"라반 가말리엘이 아무리 위대한 랍비라 하더라도 선생님이 스스로 손님들의 시중을 드는 것이 옳습니다. 가말리엘보다 더 위대한 사람도 자기 집에 온 낯선 손님들을 직접 맞이하여 대접 하였죠. 바로 우리의 조상 아브라함입니다. 그가 맞이한 사람들은 다름 아닌 아브라함의 집으로 찾아온 세 천사들 이었습니다."

한 번 더 생각해 봅시다

1. 미드라쉬에 따르면, 모세가 이드로와 함께 식사 하지 않은 것은 어떤 계명을 지키기 위한 것 이었다고 가르치고 있나요?
2. 이 미드라쉬에는 성경 이야기뿐만 아니라 미드라쉬가 쓰인 당대의 이야기도 함께 기록되어 있습니다. 이 이야기의 주인공인 랍비의 이름은 무엇인가요?
3. 여러분이 살면서 겪은 이야기들 중 언뜻 보기에는 관계가 없는 것처럼 보이는 두 이야기를 선택해 보세요. 두 이야기에서 서로 연관된 것을 찾을 수 있나요?

제8장

מְזוּזָה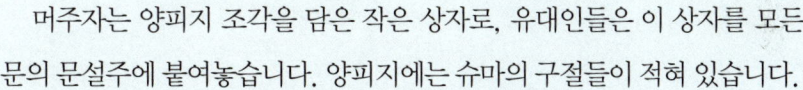

MEZUZAH

머주자

머주자는 양피지 조각을 담은 작은 상자로, 유대인들은 이 상자를 모든 문의 문설주에 붙여놓습니다. 양피지에는 슈마의 구절들이 적혀 있습니다.

'머주자'의 히브리어 뜻은 '문설주'라는 뜻입니다.

모든 머주자에는 슈마의 말씀이 기록된 양피지가 들어 있습니다.

위에 있는 머주자들은 서로 다른 종류의 것들처럼 보이지만, 사실 이 다양한 머주자들은 모두 중요한 공통점이 두 가지 있습니다. 바로 이 머주자들은 모두 히브리어 "샤다이"라는 단어의 첫 번째 문자인 '쉰(ש)'이 새겨져 있습니다. 그리고 그 상자 안에는 슈마 구절이 담긴 스물두 줄의 성경말씀이 기록 된 양피지가 들어 있습니다. 제일 왼쪽 위에 보이는 것이 머주자 안에 들어 있는 양피지입니다.

머주자의 생김새는 매우 다양하지만 모든 머주자는 예외 없이 공통점을 가지고 있습니다. 공통점 가운데 가장 중요하다고 할 수 있는 것은 모든 머주자 안에는 양피지 조각이 들어 있다는 것입니다. 만약 양피지 조각이 들어 있지 않는 머주자가 있다면 그것은 머주자라고 부를 수 없습니다.

모든 머주자에 들어 있는 양피지 조각에는 슈마 구절과 후마쉬(오경)의 두 구절을 포함하여 모두 스물두 줄의 하나님의 말씀이 히브리어로 기록되어 있습니다. 이 말씀들은 우리에게 하나님을 사랑하고, 그분의 계명을 지킬 것을 가르치며, 하나님의 말씀을 문설주에 붙이라고 가르치고 있는 말씀입니다.

아주 먼 옛날, 사람들은 집에 머주자를 걸어 놓으면, 하나님께서 그 집을 지켜 주실 것이라 생각했습니다. 오늘날 머주자는 모든 사람들에게 유대인의 표시로 알려져 있습니다.

만약 어떤 집에 머주자가 붙어 있으면, 머주자는 그것을 바라보는 사람들에게 이 집은 유대인이 사는 집이라는 것을 알려주는 중요한 표시 역할을 하고 있습니다.

이 장에서 우리는 수 세기동안 유대인들이 머주자를 얼마나 중요하게 생각해 왔는지에 관하여 알려주는 몇 가지 이야기를 읽게 될 것입니다. 그리고 우리는 왜 유대인들이 오랜 시간동안 값싼 것들로 만들어진 머주자를 그토록 소중히 여기게 되었는 지에 대해서 배울 것입니다.

⭐ 우리가 새롭게 배우게 될 교훈
1. 머주자에 얽힌 수많은 아름다운 이야기들이 있습니다.
2. 머주자의 진정한 가치는 머주자 안에 담겨 있는 말씀에 있습니다.

머주자 표면에는 왜 '샤다이' 또는 히브리어 알파벳 '쉰'이 있을까요?

머주자들의 모양은 매우 다양합니다. 어떤 머주자는 히브리어 '샤다이(שַׁדַּי)'가 상자 안에 기록되어 있기도 합니다. 그런 모양의 머주자는 속에 있는 글자가 보이도록 투명하게 만듭니다. 그러나 대부분은 머주자는 히브리어 '샤다이(שַׁדַּי)'가 케이스 앞에 적혀 있습니다. 또 다른 어떤 것은 케이스 앞에 히브리어 알파벳 '쉰(שׁ)'이 홀로 기록되어 있기도 합니다.

이제 머주자 케이스에 기록된 '샤다이'와 히브리어 알파벳 '쉰'이 무엇을 뜻하는 지에 대하여 가르쳐 주는 이야기를 읽고 다음의 물음에 대답해 보세요.

유대인의 역사 소용돌이 속에서 유대인들이 중요하게 여기고 간직해온 머주자에 관한 관심은 유대인들에게 어떤 의미가 있으며 무엇을 가르쳐 주나요?

메주자에 얽힌 미담들

"샤다이(שַׁדַּי)"는 일반적으로 '전능하신'이라는 의미로 알고 있습니다. 히브리어 '샤다이(שַׁדַּי)'라는 단어를 이루는 알파벳 세 문자는 "이스라엘 문들의 수호자"라는 의미를 가진 '쇼메르 달토트 이스라엘(שׁוֹמֵר דַּלְתוֹת יִשְׂרָאֵל)'의 단어들의 첫 번째 문자를 모아서 만든 두문자어(문장을 이루고 있는 각단어의 첫 글자를 모아서 만든 새로운 단어)라 합니다. 그래서 모든 문의 설주에 붙이는 머주자에는 '샤다이(שַׁדַּי)' 또는 '샤다이(שַׁדַּי)'의 첫 번째 문자인 쉰(שׁ)이 적혀있습니다.

이런 이야기를 들어보셨나요?

영어와 마찬가지로, 히브리어에서도 단어는 같지만 발음은 다른 것들이 많이 있습니다. 예를 들어 '머주자'(Mezuzah)는 영어로는 '머주–저'(məˈzoōzə)라고 읽히지만, 히브리어에서는 다르게 '머주–자'(məˈzoōza)라고 읽는 답니다. 같은 방식으로, '므길라'(Megillah)는 영어로는 '머길러'라고 읽지만, 히브리어에서는 '므길라'라고 읽습니다. 이 책의 모든 챕터의 첫 장에는 히브리어 발음이 함께 적혀 있습니다.

찾아 읽어 보세요

머주자에 들어 있는 양피지에 적혀 있는 성경말씀 두 부분은 각각 신명기 6장 4절부터 9절, 11장 13절부터 21절까지의 말씀입니다. 온켈로스 벤 칼로니모스(Onkelos ben Kalonimos)의 이야기는 탈무드 아보다 자라 11a(Avodah Zarah 11a)에서 찾아 읽을 수 있습니다.

오늘날에도 유대인들은 머주자를 문설주에 걸어두어 모든 사람들에게 이 집에는 유대인이 살고 있다는 것을 알려주고 있습니다. 그러나 과거에 살았던 많은 유대인들은 머주자를 걸어둔 집은 하나님께서 위험으로부터 보호 하신다고 믿었습니다.

집을 지켜주는 머주자의 이 '힘'은 수많은 미담들을 통해 오늘날까지도 세상 사람들에게 전해져 내려오고 있습니다.

그 이야기들 가운데 하나는 고작 200여 년 전에 오스트리아에서 일어난 일입니다.

그 때 당시 오스트리아 정부는 직업을 가지지 못한 모든 유대인들을 추방하는 법을 통과 시켰습니다. 많은 유대인 노인들이 직업을 가지지 않고 가족들의 도움으로 살아가고 있었는데도 말입니다. 정부에서 그들을 추방하지 못하도록 유대인 공동체에서는 이 직업이 없는 노인들에게 '머주자 설치인'이라는 직업을 주었습니다.

사실 오스트리아 정부는 머주자를 거는 일이 얼마나 쉬운지 모르고 있었기 때문에 가능한 일이었습니다. 얼마나 쉬웠냐고요? 그들은 단지 유대인의 집을 방문하여 성경에 나오는 두 개의 축복 문을 읽어주고 그들의 집의 모든 문마다 머주자를 붙여주면 되었습니다. 작은 머주자를 모든 문의 문설주에 붙이는데, 그 머주자의 머리가 예루살렘을 향하도록 방향을 잡고 그냥 붙이면 되는 아주 단순한 일 이었습니다.

머주자에 대한 또 다른 이야기는 고대 로마 제국 시절까지 거슬러 올라갑니다. 바로 온켈로스 벤 칼로니모스의 이야기입니다.

어느 날, 로마의 황제가 토라를 읽지 못하도록 명령을 내렸습니다. 그런 시대에 온켈로스 벤 칼로니모스는 사실 유대교로 개종 하였습니다. 그리고 히브리어로 된 토라를 그 당시 일상에서 사용하는 언어인 아람어로 번역한 사람이었습니다.

온켈로스가 황제의 명령에 따르지 않았으므로 황제는 군대를 보내어 그를 체포하라고 명령 하였습니다. 군대가 그의 집에 쳐들어오자, 온켈로스는 토라 말씀을 읊으며 군인들을 맞이하였습니다. 그러자 군인들은 그를 체포 하기는 커녕 유대교로 개종하였습니다.

황제는 두 번째로 군인들을 보내어 온켈로스를 체포 하라 하였습니다. 다시 한 번, 온켈로스는 토라 말씀을 읽고 묵상하며 그들을 맞이하였습니다. 그러자 그를 잡으러 온 군인들은 또다시 유대교로 개종하는 일이 일어났습니다.

황제는 세 번째로 군인들을 보내며 이렇게 말하였습니다. '너희들은 온켈로스에게 아무런 말도 하지 말고 그의 말을 듣지도 말고 집을 포위하라 하였습니다. 군인들은 마침내 온켈로스의 집을 포위하고 그를 사로잡는 데에 성공하였습니다.

온켈로스를 잡아 감옥으로 가는 길에 군인들은 한 유대인의 집을 지나가게 되었습니다. 온켈로스는 그 집 문설주에 머주자가 걸려있는 것을 보고 그들에게 말하기 시작했습니다.

이런 이야기를 들어보셨나요?

머주자는 문 밖을 기준으로 문의 오른쪽에 붙여야 하며, 문설주의 꼭대기에서 삼분의 일 이상 내려서 붙일 수 없습니다. 머주자를 붙이기 전에 두 개의 축복 문을 묵상합니다. 첫 번째 축복문은 하나님께서 머주자를 붙이라고 명령하셨다는 것을 선포하는 말씀입니다.

בָּרוּךְ אַתָּה יְיָ אֱלֹהֵינוּ מֶלֶךְ הָעוֹלָם אֲשֶׁר קִדְּשָׁנוּ בְּמִצְוֹתָיו וְצִוָּנוּ לִקְבֹּעַ מְזוּזָה.

두 번째 축복 문은 유대인의 삶을 지켜주시는 하나님에 대한 감사 기도 내용입니다.

בָּרוּךְ אַתָּה יְיָ אֱלֹהֵינוּ מֶלֶךְ הָעוֹלָם שֶׁהֶחֱיָנוּ וְקִיְּמָנוּ וְהִגִּיעָנוּ לַזְּמַן הַזֶּה.

> "저게 바로 머주자라는 것입니다. 황제처럼 단순한 사람은 비록 왕일지라도 그 힘이 약하다는 것을 이 머주자가 보여 주지요. 왕은 궁전에 살지만, 궁전 밖에서 수많은 종들이 지키고 있을 때에야 안전하다고 느낍니다. 그러나 그저 평범한 집에 사는 유대인들은 집을 지켜주는 수많은 종들과 군대가 없어도 안전함과 평안함을 느끼며 살고 있지요. 왜냐하면 유대인들의 집에 걸려있는 이 머주자는 히브리인의 왕인 하나님께서 그 집을 지켜 주신다는 상징적인 표이기 때문입니다."

온켈로스가 로마 군인들에게 머주자의 놀라운 힘에 대해 말하고 있습니다.

온켈로스가 말한 머주자와 유대인들을 지켜주시는 하나님에 대해서 들은 군인들은 큰 감명을 받았고, 그들도 유대교로 개종하고 말았습니다.

황제는 자신의 모든 군대가 온켈로스를 만나기만 하면 유대교로 회심하는 것을 보고 그의 모든 군대가 유대교로 개종할까봐 두려워서, 황제는 더 이상 온켈로스에게 군대를 보내지 않았다고 합니다.

제8장 머주자 **97**

⚠ 한 번 더 생각해 봅시다

1. '샤다이(שדי)'는 일반적으로 '전능한 하나님'이라는 의미를 가지는데, 그 의미 외에 다른 어떤 의미를 가지고 있나요?
2. 온켈로스의 이야기와 머주자 설치인 이라는 직업을 만든 이야기는 하나님께서 이스라엘 문의 수호자라는 것을 어떻게 증명하여 보여주고 있나요?
3. 오늘날 유대인들은 그들의 집의 문설주에 왜 머주자를 붙입니까?

머주자의 가치

유대인들은 전통적으로 하나님의 말씀의 법을 열심히 지켜왔습니다. 그래서 성경 말씀이 적힌 두루마리(세페르 토라)를 여러 장식물로 꾸밉니다. 그리고 아름답게 장식된 안식일 식탁에 촛불을 밝히며 무교병을 화려한 천으로 덮습니다. 이처럼 머주자를 화려하게 꾸미기도 합니다.

물론 머주자안에 담긴 말씀의 양피지와 기록된 말씀이 가장 중요함에도 불구하고 양피지를 담는 머주자 함을 화려하게 꾸미는 것도 위와 같은 이유 때문입니다. 하지만 머주자 함이 꾸밈없고 단순 하더라도, 머주자는 여전히 가치 있는 것임에는 틀림 없습니다.

머주자의 가치에 관하여 이야기하는 다음의 이야기를 읽고 아래 질문에 답해 보세요.

랍비 예후다 하나시가 값비싼 보석보다 값싼 머주자를 더 귀하게 여긴 이유는 무엇인가요?

문설주에 머주자를 붙이고 있습니다.

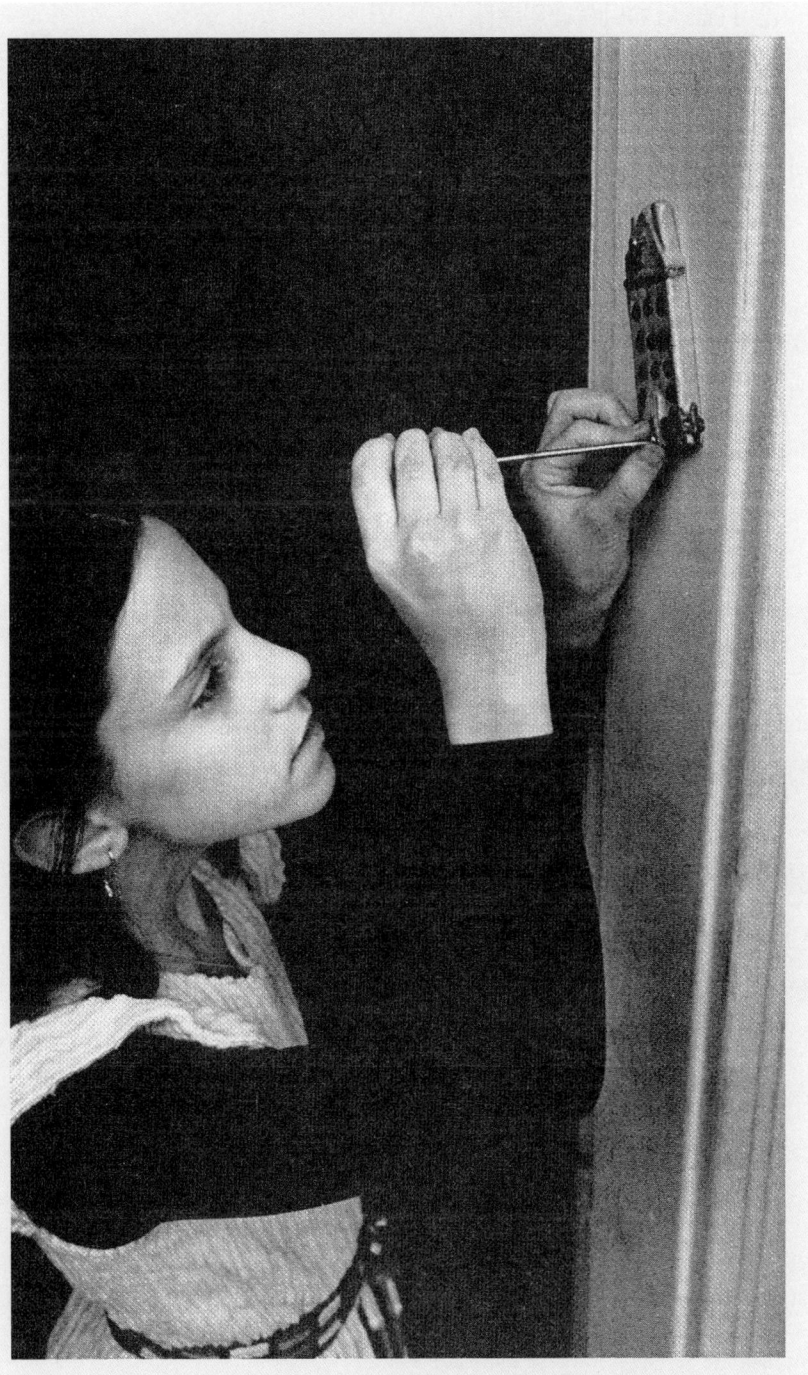

제8장 머주자

랍비 예후다 하나시와 머주자

여러분도 알다시피 탈무드에는 수많은 랍비들이 나옵니다. 그러나 탈무드에서 자기 이름을 말하지 않고 그냥 '랍비'라고만 쓰여 있으면, 이는 위대한 랍비 예후다를 말하는 것입니다. 랍비 예후다는 '하나시'(HaNasi), 즉 '왕자'라고도 불립니다.

랍비 예후다 하나시는 탈무드(미쉬나와 게마라 두 부분으로 이루어져 있다)의 첫 번째 부분인 미쉬나를 편집한 것으로 유명할 뿐만 아니라, 자기가 가진 많은 재산으로 다른 유명한 랍비들을 도와준 것으로 더욱 유명합니다. 유대인 공동체로부터 존경받았을 뿐만 아니라 많은 로마의 정치인들과도 친교 하였는데 그들도 이 랍비를 존경하였습니다.

랍비 예후다의 비 유대인 친구들 중 한 명이 바로 파르티아의 왕 알테르바누스였습니다. 친교의 의미로 알테르바누스는 예후다에게 매우 값비싼 보석을 선물해 주었습니다. 이 보석을 전달한 종은 예후다에게 왕의 메시지도 함께 전해 주었습니다.

"우리의 친교를 보여주는 것은 당신에게도 중요한 일이오. 내가 보낸 선물의 가치만큼 귀한 선물을 내게도 보내 주시길 바라오."

왕의 종이 전해준 선물과 메시지를 받자 예후다는 아무런 장식도 꾸밈도 없는 머주자를 손에 들었습니다. 그 때 왕의 종은 그저 놀라 눈썹을 치켜 들 뿐 이었습니다.

예후다는 아무 말도 하지 않고 그 머주자를 왕의 종의 손에 들려 돌려보내었습니다. 시간이 지난 후 파르티안 왕의 종이 다시 한 번 랍비 예후다를 찾아왔습니다. 그러나 이번에 왕이 보낸 메시지는 따뜻한 친교의 말이 아닌 짜증이 섞인 불평이었습니다.

"난 당신에게 값비싼 선물을 보내 주었건만, 당신이 내게 준 선물은 기껏해야 몇 푼 되지도 않는 것이잖소."

이 메시지를 가지고 온 왕의 전달자에게 예후다는 말했습니다.

"당신의 왕께서는 머주자의 가치를 이해하지 못하셨군요."

랍비 예후다는 왕의 사신에게 다시 말했습니다.

"알테르바누스 왕께 가서 말씀해 주시오. 제게 보내주신 선물은 누가 훔쳐갈까, 어떻게 지켜야 할까 전전긍긍해야 하는 선물이오. 그러나 제가 왕께 보낸 이 머주자는 그 가치를 아는 사람을 지켜주는 특별한 것이라오. 머주자는 하나님의 말씀이 알려주는 가르침을 생각하게 해주므로, 하나님이 그것을 소유한 사람을 지키고 보호합니다. 이는 이 세상 가장 값진 어떤 보물보다도 더욱 귀한 것입니다."

❗ 한 번 더 생각해 봅시다

1. 랍비 예후다 하나시가 생각한 '가치'의 정의와 알테르바누스 왕이 생각한 '가치'의 정의는 어떻게 다른가요?
2. 예후다의 이야기에서 지켜야 하는 선물은 무엇이고, 또 우리를 지켜주는 선물은 무엇이었나요?

제9장

MINHAG

민하그

민하그(Minhag)는 유대교의 관습과 풍습을 뜻하는 말입니다. 시대에 따라, 장소에 따라 서로 다른 민하그가 발전되었으며, 그 결과로 같은 하가다에 여러 가지의 다양한 민하그가 연결될 수 있다는 것을 알아야 합니다.

안식일에 식탁에 있는 초에 불을 밝히는 것도 민하그에 나오는 것입니다.

유월절에는 누룩이 없는 빵을 먹으라는 명령은 토라에 나와 있지만, 토라는 그 빵을 어떤 모양으로 만들라는 말은 없습니다. 그러나 그 빵의 생김새는 민하그에서 가르쳐 주고 있습니다. 유월절에 마쯔(Matzo)를 먹는 일반 유대인들과 다르게, 페르시아의 유대인들은 납작하고 둥근 빵을 먹는다고 합니다.

많은 유대인들은 안식일 저녁 식사를 할 때, 왜 가장 먼저 물고기를 먹을까요? 할라카에는 안식일 저녁에 물고기를 먹으라는 계명이 나와 있지 않지만, 이 전통(민하그)에는 나름대로 여러 가지 이유가 있습니다.

하나님께서 세상을 창조하신 후마쉬(오경) 말씀을 읽다 보면, 하나님께서 다섯째 날, 여섯째 날, 일곱째 날에만 특별히 축복 해주신 것을 발견할 수 있습니다. 물고기는 다섯 째 날에, 사람은 여섯 째 날에 창조 되었고 일곱째 날에는 하나님께서 안식 하셨습니다. 어떤 사람들은 안식일에 물고기를 먹는 민하그를 지킴으로서 하나님께서 창조 때에 내려 주셨던 세 번의 축복을 확인하는 것이라고 말하기도 합니다.

안식일과 기념일에 물고기를 먹는 민하그에는 또 다른 이유가 있습니다. 토라(하나님의 말씀)는 종종 물에 비유되곤 합니다. 물고기가 물 밖에서는 살 수 없듯이, 유대인들도 토라 없이는 살 수 없다는 것입니다.

민하그 전통들은 여러 세대를 걸쳐 유대인들에게 전해져 내려온 전통이며 관습입니다. 탈무드 시대에는 이미 수많은 전통들이 세워져 있었습니다. 탈무드의 랍비들과 미드라쉬의 랍비들은 이 민하그가 얼마나 중요한 것인지 이미 알고 있었기에, 사람들에게 각자 자기 공동체의 민하그를 지키라고 가르쳤습니다. 비록 민하그가 할라카에 나와 있지 않다고 하더라도 말입니다.

이 장에서는 우리는 유대인들이 잘 간직하고 있는 민하그들을 찾아보고, 왜 이 민하그들을 그들이 지켜야 하는지를 배워 보려고 합니다. 먼저 민하그와 할라카, 미쯔바(계명)의 차이점을 살펴본 후 하누카 축제 때에 지키는 유명한 민하그들에 대해 공부하려 합니다.

⭐ 우리가 새롭게 배우게 될 교훈

1. 유대인이 금요일 밤에 밝히는 안식일 촛불은 민하그에 정해져 있다.
2. 하누카는 아주 큰 기념일은 아니지만, 그럼에도 이 날 유대인들은 많은 전통들을 지키고 있습니다.

스스로 찾아 봅시다

출애굽기 20장 8절과 신명기 5장 12절에서 십계명 네 번째 계명의 두 버전을 확인하실 수 있습니다.

민하그와 할라카 그리고 미쯔바의 비교

많은 유대인들이 금요일 밤 안식일 촛불을 밝히라는 미쯔바(계명)를 지킵니다. 그러나 촛불을 밝히는 방식은 민하그에 따라 집집마다 다른 경우가 많습니다. 아래를 읽고 여러분에게 친숙한 민하그가 무엇인지 생각해 본 후 다음의 질문에 답해 보세요.

안식일 전날 촛불을 밝히라는 할라카와 연결된 민하그는 어떤 것이 있나요?

촛불은 몇 개나 켜야 하나요?

유대인 아이들이 가장 처음 배우는 축복문은 바로 안식일에 읽는 촛불 축복 문입니다.

> "오 우리 주 하나님, 온 우주의 왕이신 하나님은 계명(미쯔바)과 토라로 우리를 거룩하게 하시고 안식일에 불을 밝히게 하십니다."
>
> בָּרוּךְ אַתָּה יְיָ אֱלֹהֵינוּ מֶלֶךְ הָעוֹלָם,
> אֲשֶׁר קִדְּשָׁנוּ בְּמִצְוֹתָיו וְצִוָּנוּ לְהַדְלִיק נֵר שֶׁל שַׁבָּת.

위에 있는 축복 문에 나오는 두 단어 '버찌바누 버미쯔보타브(וְצִוָּנוּ, בְּמִצְוֹתָיו)'는 안식일 전날에 촛불을 밝히는 것이 하나님께 유대인들에게 말씀하신 명령이라는 것을 알려주고 있습니다.

할라카는 이 '말씀, 계명'을 어떻게 지켜야 하는지 그 방법을 가르쳐 줍니다. 예를 들어 안식일 할라카에 따르면 안식일 촛불은 안식일을 시작하는 해가 지기 18분 전에는 반드시 밝혀야 합니다. 아무리 늦어도 금요일 해가 넘어가기 18전에 불을 켜야 합니다. 그러나 그 할라카는 몇 개의 촛불을 밝혀야 하는지에 대해서는 말하지 않습니다.

안식일에 몇 개의 촛불을 밝혀야 하는지에 대하여서는 민하그에서 가르쳐 주고 있습니다. 안식일 촛불 축복문은 하나의 촛불에 대해 말하고 있지만, 거의 대부분의 집에서는 두 개의 촛불을 밝히는 것을 전통으로 지킵니다. 이러한 전통(민하그)을 따르는 이유는, 후마쉬(오경)에 열 마디 말씀(십계명)이 출애굽기와 신명기에 각각 한 번씩 두 번 나오는 것과 연결하고 있습니다. 출애굽기에 나오는 말씀에서 네 번째 말씀(계명)은 '안식일을 기억하고 이날을 구별되게 하라'입니다. 그러나 신명기에 나오는 말씀에서 네 번째 말씀(계명)은 '안식일을 지켜 이날을 구별되게 하라'라고 기록하고 있습니다. 두 개의 안식일 촛불을 켜는 민하그를 지킴으로서 유대인 가족들은 십계명의 두 버전을 모두 인정한다는 것입니다.

또 어떤 집에서는 아주 색 다른 전통을 가지고 있기도 합니다. 바로 일곱 개의 안식일 촛불에 불을 밝히는 것인데, 이는 하나님께서 7일 동안 세상을 창조하셨다는 것과 연관되어 있으며, 예루살렘 성전에 세워진 메노라(일곱 갈래의 촛대)와 연관되어 있기도 합니다.

또 어떤 집에서는 열 마디 말씀을 뜻하는 의미에서 열 개의 촛불을 밝히기도 합니다. 다른 집은 가족의 수에 맞춰 촛불을 밝히기도 합니다.

이와 같이 하나의 미쯔바, 즉 하나의 계명에도 수많은 민하그 전통이 있을 수 있으며, 이러한 전통은 할라카에서 정하지 않은 것들을 규정하고 있는 것들입니다.

❗ 한 번 더 생각해 봅시다

1. 안식일 촛불을 밝히는 것이 민하그가 아니라 미쯔바(계명)라는 것을 어떻게 알 수 있나요?
2. 촛불을 밝히라는 미쯔바(계명)의 할라카에서는 어떤 부분들이 다루어지지 않나요?
3. 유대인의 가정에서 지키는 민하그 전통을 생각해 보고 이를 꼭 해야 되는지 서로서로 말해보세요.

하누카 민하그(전통)를 아시나요?

하누카는 성경에 나오지 않는 기념일입니다. 그럼에도 불구하고 전 세계의 유대인 아이들이 가장 좋아하는 기념일이 바로 이 하누카 이기도 합니다. 맛있는 음식들은 물론이고, 특별한 놀이와 선물들을 주고받는 이  기념일을 좋아하지 않는 사람이 있을까요?

그러나 유대인들이 하누카에 지키는 여러 가지 민하그 전통들을 유대인 모두가 인정하는 것은 아닙니다. 다음 부분을 읽고, 아래 질문에 스스로 답해 보세요.

유대인들이 하누카에 지키는 전통 가운데 드레이델 놀이를 즐기고 감자 팬케이크를 먹으며, 선물을 나누는 이유는 무엇일까요?

드레이델과 감자 팬케이크 그리고 선물

마카비가 폭군 안티오쿠스가 이끄는 시리아 군대를 무찌르던 시절의 역사이야기 입니다. 마카비는 시리아 사람들이 성전을 짓밟고 지나가면서 성전에서 사용하는 거룩한 기름을 모두 더럽혔다는 것을 알게 되었습니다. 그들이 못 보고 지나친 단 하나의 기름통만 빼고 말입니다. 남은 한 통의 기름은 성전의 메노라 촛대에 오직 하루만 불을 밝힐 수 있는 정도의 양이었습니다.

이스라엘 백성들은 단 하루만이라도 촛대에 불을 밝히고자 그 기름을 사용 하였습니다. 그런데 기적이 일어났습니다. 8일 동안 촛불이 꺼지지 않았던 것입니다. 하누카에 8일 동안 하누카 촛불을 밝히는 것은 바로 이 기적으로 부터 시작 되었습니다.

하누카에 음식을 먹는 전통도 이 기적으로 부터 나왔습니다. 이디쉬어로는 라트케라 불리고, 히브리어로는 러비보트(לביבות)라 불리는 팬케이크 모양의 음식은 기름으로 튀긴 이스라엘의 전통 음식입니다. 히브리어로는 수프가니요트(ספגניות)라 불리는 도넛 모양의 빵도 먹습니다.

마카비는 전쟁에서 승리한 후 이스라엘 백성들 만의 나라를 세우고 승리를 기념하기 위하여 기념 주화를 만들었습니다. 이 주화는 하누카 기념일에 유대인 부모들이 자녀들에게 주화모양의 초콜렛을 만들어 주는 것과 용돈을 주는 것의 기원을 설명해 줍니다.

우리가 위에 이야기한 민하그(전통)들은 모두 유대교 전통에 그 뿌리를 두고 있습니다. 그러나 유대인들은 언제나 다른 민족들 가운데 살아왔으므로, 몇몇 전통들은 다른 민족들의 전통으로부터 차용하기도 하였습니다. 하누카에 선물을 주는 전통은 바로 그런 것입니다. 선물을 주는 날은 유대교 달력에서는 부림절이긴 하지만, 기독교인들은 성탄절에 서로 선물을 나눕니다. 따라서 유대인들도 성탄절과 거의 비슷한 시기에 오는 하누카에 아이들에게 용돈을 주는 것뿐만 아니라 선물을 나누는 전통이 만

드레이델을 가지고 노는 아이들. 드레이델은 하누카에 지키는 민하그 가운데 가장 유명한 전통 가운데 하나입니다.

들어지게 되었습니다.

아이들은 하누카에 드레이델이라는 팽이모양의 놀이기구를 가지고 노는 전통이 있습니다. 드레이델은 네 개의 면으로 이루어져 있으며, 각 면에는 히브리어 알파벳인 눈(נ), 기멜(ג), 헤이(ה), 쉰(ש)이 적혀 있습니다. 이 알파벳들은 히브리어 네 단어, 네이스 가돌 하야 샴(נֵס גָּדוֹל הָיָה שָׁם, 위대한 기적이 거기에서 일어나다)의 머리 글자입니다. 이 네 알파벳이 가지는 고유의 수를 합하면 총 358인데(눈(נ)50, 기멜(ג)3, 헤이(ה)5, 쉰(ש)300), 이 수는 히브리어 '메시아'(מָשִׁיחַ; 멤(מ)40, 쉰(ש)300, 요오드(י)10, 헤이트(ח)8)의 문자가 가지는 수와 동일 합니다(히브리어 알파벳은 모두 고유한 수를 가지고 있습니다). 오랜 세대를 걸쳐 유대인들은 미래에 다가올 평화와 풍요의 날, 즉 모든 나라들이 하나님을 섬기는 날을 기다려 왔습니다. 이 날에 메시아께서 모든 민족들에게 임하시고 모든 민족에게 복을 주실 것이라고 유대인들은 생각하며 그 날을 기다리고 있습니다. 그래서 모든 유대인은 모든 가족들이 하누카 전통을 지키고 또 즐거워하며 이 전통을 전 세계 모든 사람들과 지킬 미래의 그 날을 기대합니다. 그리고 그 날에 찾아올 행복에 대해 서로서로 대화를 나누며, 선물을 주고 받는 날이 되었습니다.

한 번 더 생각해 봅시다

1. 하누카에 팬케이크 모양의 음식과 도넛 모양의 음식을 먹는 이유는 무엇인가요?
2. 드레이델 놀이 전통을 통해, 어떻게 온 인류의 행복한 미래에 대해 생각할 수 있나요?
3. 여러분이 생각할 때 유대인이 가장 좋아하는 하누카 전통은 무엇인가요?

드라이델 놀이를 해 보셨나요?
드레이델은 이디쉬어입니다. 이디쉬어는 유럽에 살던 유대인들이 쓰던 말로, 드레이델은 독일어에서 온 말로 '돌다'라는 뜻을 가지고 있습니다. 히브리어로는 드레이델을 쓰비본(סְבִיבוֹן)라고 하는데, 역시 '돌다'라는 뜻의 히브리어 단어에서 온 말입니다. 동전과 건포도, 땅콩이나 작은 물건들을 앞에 놓고 팽이를 돌리는데, 이 물건들을 모두 따면 이기는 것입니다. 이디쉬어를 사용하는 유대인 공동체에서는 드레이델에 적힌 히브리어를 게임에 적용하기도 한다고 합니다. 순서가 돌아오고 드레이델을 돌려 '눈'이 나오면 '아무것도 없음'을 의미한다 하여 아무 것도 가지지 못합니다. '기멜'이 나오면, 그것은 '전체'를 의미하기 때문에 동전들을 모두 가지게 됩니다. '헤이'가 나오면 '절반' 뜻하므로 반절만 가져갑니다. '쉰'이 나오면 '내놓음'을 의미하기 때문에 자기가 가진 동전 모두를 놀이판 중간에 모두 토해내야 합니다.

제10장

מִצְוָה

MITZVAH

미쯔바

'계명'을 뜻하는 말인 미쯔바는 '지키다'라는 히브리어에서 온 단어입니다. 그러나 유대인들은 보통 이 단어를 착한 일이나 선행을 뜻하는 말로 사용합니다.

계명은 계명을 지키는 자에게 계명은 그 자체가 복입니다.

우리 조상들은 여러 가지 방식으로 계명들의 수를 기억하려 하였습니다. 한 전통에 따르면 토라에 613가지 계명이 나오는 것과 마찬가지로 석류에도 613개의 씨앗이 들어 있다고 합니다.

유대교 전통에 따르면 토라(오경)에는 총 613개의 계명이 기록되어 있다고 합니다. 탈무드는 이 계명들을 '하지 말아야 할 것'을 알려주는 365가지 계명들(예를 들면 '살인하지 말라')과 '해야 할 것'을 알려주는 248가지 계명들(예를 들면 '네 아버지와 어머니를 공경하라')로 나누었습니다.

더 나아가 탈무드에는 이 계명들의 수를 쉽게 기억할 수 있는 방법도 알려줍니다. 그 중에 한 가지는 365는 한 해 동안의 날짜의 수이며, 248이라는 수는 사람 몸의 부분들의 수와 같다는 것입니다.

오늘날 우리는 몇 가지 계명들이 있는지 생각하기는 하지만, 탈무드 시대 랍비들 보다는 덜하다고 유대인들은 말합니다. 탈무드 시대 랍비들은 정확히 몇 가지의 계명이 있는지를 계산하기 위해 노력했던 사람들입니다. 그러나 그들의 노력의 결과물들 중 일부만이 우리에게 완전히 전해졌습니다.

"토라"라는 말과 마찬가지로, "미쯔바"라는 말은 히브리어 단어에서 매우 중요한 말입니다. 많은 유대인들이 기쁨으로 하나님의 계명을 지키고 살아가며, 이 계명들을 단순한 법 조항 그 이상으로 받아 들이기를 주저하지 않습니다.

한 신실한 유대인이 있었습니다. 이 유대인은 계명을 지키는 것이 너무 즐거운 나머지 다른 사람들이 왜 악한 길을 따르는 지 이해할 수 없었습니다. 마침내 그가 내린 결론은, 악한 사람들이 악한 길을 따르는 이유는 바로 그들이 악한 일을 행하여 잘못 된 기쁨과 쾌락을 얻으려 하기 때문이라는 것이었습니다.

만일 악한 사람들이 악한 일 대신 하나님의 계명을 지켜 기쁨을 얻을 수 있다면 얼마나 좋을까요! 그렇게 된다면 그들도 하나님의 계명을 지키는 것보다 더 기쁜 일이 없다는 것을 깨닫게 될 것입니다. 그리고는 순전한 기쁨을 얻기 위해서 악한 사람들도 자기가 따르던 악한 길을 버리고 신실한 하나님의 사람이 될 것입니다.

전통에 따르면 하나님은 계명을 지켜야 할 이유와 그것에 따르는 보상에 대하여 말씀하시지 않았다고 합니다. 하나님께서 계명을 주시면서, 왜 계명을 따라야 하는 이유와 계명을 따르면 얻는 보상에 대해서는 말씀하지 않으셨는지에 대해서 본 장에서 공부할 것입니다.

더 나아가 유대인들이 하나님의 계명을 최고의 친구로 받아들이는 이유에 대해서도 알아 보고자 합니다.

⭐ 우리가 새롭게 배우게 될 교훈
1. 유대교 전통에 따르면, 계명을 지킴으로서 얻는 진정한 보상은 바로 다른 계명들을 지키게 되는 영광이라고 합니다.
2. 하나님의 계명과 친구가 된다는 이야기는 유대인들이 계명을 얼마나 중요하게 여기는지에 대해 알려줍니다.

하나님의 계명, 그 자체를 위하여

소호의 지도자 안티고누스(Antigonus of Socho)는 종종 이렇게 말하곤 했다고 전합니다.

> "보상을 바라기 위해 주인에게 순종하는 종이 되지 마십시오. 오히려 보상을 바라지 않고 주인의 명령에 따르는 종이 되십시오."

안티고누스의 이 말은 사람들이 계명을 지키는 것과 어떤 연관이 있는지 생각해 본 후 다음의 질문에 답을 해보세요.

소호의 안티고누스(Antigonus of Socho)는 2세기경에 살았던 유대교 선생님이었습니다. 보상을 얻기 위해 하나님의 계명을 따르지 말라는 그의 가르침은 피르케이 아보트 1:3(Pirke Avot)에 나와 있습니다. 세 명의 정원사에 대한 이야기는 신명기 라바(Deuteronomy Rabbah) 6:2에서 찾을 수 있습니다. 사소한 것처럼 보이는 계명일지라도 주의 깊게 연구하라는 랍비 예후다 나하시의 말은 피르케이 아보트 2:1에 나옵니다.

토라는 왜 계명을 지켜야 하는지 그 이유와 그 보상에 대해 말하고 있지 않나요?

순종 그 자체로

하나님께서는 거의 대부분의 계명에 이를 지켜야 하는 이유와 그 보상을 말씀해 주지 않으셨습니다. 그럼에도 유대인들은 이 토라를 어떤 이의나 거부감 없이 받아들입니다. 더 나아가 유대인 조상들은 여기에 자부심을 느끼기 까지 하였다고 전합니다. 유대인 조상들은 지극히 사소해 보이는 계명일지라도 모두 하나님께서 명령하신 것이라고 믿었습니다.

부모님의 말씀을 어기고 난 다음 부모님이 '왜 그랬니?'라고 물으실 때, 말도 안 되는 말로 변명을 해본 적이 있나요? 예를 들어 봅시다.

부모님께서 여러분에게 집에서 혼자 음식을 하지 말라고 하셨습니다. 실수로 음식을 태우거나 불이 날 까 걱정되어서 그렇게 말씀 하셨겠지요. 그런데 어느 날 여러분이 집에 혼자 있는데, 배가 너무 고팠습니다. 그런데 오트밀이 여러분의 눈에 들어 왔습니다. 오트밀이 아니라 쿠키를 굽는다 해도, 나는 절대 태우는 일이 없을 것이라 생각하며 자신감이 넘쳐흐릅니다.

결국 부모님의 말씀을 어기고 여러분은 충만한 자신감을 가지고 냄비에 물을 붓고 끓이다가 넘쳐 버릴 수 있을 것입니다. 그제서야 여러분은 생각할지 모릅니다. 아! 나는 생각보다 많이 지혜롭지 못하구나!

탈무드 시대의 랍비들은 사람들이 어떤 규칙의 목적을 알고 나면, 그 규칙을 지키지 않고 이를 변명할 구실을 찾는다는 것을 일찍이 이해하고 있었습니다. 이러한 이해를 바탕으로 랍비들은 토라가 왜 계명을 지켜야 하는지에 대한 이유를 설명하지 않았다고 말하였습니다.

세 명의 정원사에게 임금을 얼마나 줄지 말해주지 않은 왕과 같이, 토라 또한 우리에게 계명을 지키면 얻게 되는 보상에 대해 자세히 말해주지 않고 있습니다.

    같은 방식으로, 미드라쉬의 랍비들 또한 사람들이 일반적으로 가지고 있는 버릇을 통해, 토라는 계명을 지키면 따라오는 보상에 대하여 왜 말하지 않았는지에 대해서도 설명하였습니다.

    여러분이 집안일을 하면 부모님이 용돈을 준다고 생각해 봅시다. 집안일의 종류에 따라 용돈의 양도 달라집니다. 이렇게 생각해 보면, 미드라쉬의 랍비들이 어떻게 말했는지 어느 정도 이해할 수 있을 것입니다. 어느 날 여러분이 집안일이 매우 많고 바쁘다면, 어떤 일부터 대충대충 하려 할까요?

    미드라쉬에 나오는 이야기 하나를 소개 하겠습니다.
    어느 날, 한 왕이 세 명의 정원사를 불러 정원에 나무 세 그루의 가지를 치라고 명령 하였습니다. 세 명의 정원사들은 각자 나무 한 그루씩 책임을

이런 이야기를 들어보셨나요?

계명(미쯔바), 할라카, 전통(민하그)의 차이점이 무엇인지 알고 있나요? 다음에 제시한 예를 읽어 보고 구별하여 보세요. (1) 안식일을 거룩하게 지키라는 것은 계명(미쯔바)입니다. 할라카는 안식일을 어떻게 거룩하게 지키는 지 말해줍니다. 안식일의 전통(민하그)은 물고기를 먹고 촛불을 밝히는 것입니다. (2) 초막절에 초막(수카)을 지으라는 것은 계명입니다. 할라카는 이 초막을 무엇으로, 어떻게 만들어야 하는 지 알려줍니다. 초막절에 여러분의 할아버지가 살았던 시대에는 수확한 과일을 가지고 초막을 꾸미는 장식들도 달랐습니다. 아마 여러분의 가족들이 지은 초막과 여러분의 친구들이 지은 초막도 많이 다를 수 있습니다.

지기로 약속한 후, 자기들이 좋아하는 나무 가지를 치기 시작 했습니다.

그날 밤, 왕은 세 명의 정원사를 모두 불러 각자 어떤 나무의 가지를 쳤는지 물어 보았습니다. 후추나무를 맡은 정원사는 금 한 덩어리를 받았습니다. 백합나무를 다듬은 정원사는 그보다 적은 금 반 덩어리를 받았습니다. 그러나 올리브 나무를 다듬은 세 번째 정원사는 무려 200개의 금 덩어리를 받았습니다. 그러자 한 정원사가 왕에게 물었습니다.

"나무마다 임금이 다르다는 것을 왜 처음부터 알려주지 않으셨습니까?"
그러자 왕이 대답하였습니다.
"만일 여러분이 나무를 다듬기 전에 얼마를 받을지 말해 주었더라면, 여러분이 과연 후추나무와 백합나무를 맡아 다듬었을까요?"

유대교 전통에 따르면, 위 이야기의 왕과 같이 하나님께서는 계명을 지키면 얻게 되는 보상에 대해 자세히 알려주지 않으셨습니다. 랍비 예후다 나하시는 이렇게 말하곤 했다고 전합니다.

"정말 사소해 보이는 계명 하나 조차도, 정말 중요한 계명과 같이 소중히 지키십시오. 하나님께서 어떻게 보상하실지 우리는 아무도 모릅니다."

또한 시므온 벤 아자이는 "계명을 지키면 또 다른 계명을 보상으로 받는다"라는 말을 남겼습니다. 하나의 계명을 지킴으로 얻게 되는 기쁨으로 인해 또 다른 계명을 지키게 된다는 것입니다.

한 번 더 생각해 봅시다

1. 미드라쉬에 따르면, 왕의 나무를 다듬던 정원사들과 유대인들의 공통점은 무엇인가요?

2. 여러분이 하나님의 계명을 지키는 이유는 무엇인가요? 우리 조상들이 들려주는 이유와 다른 점은 무엇인가요?
3. 착한 일을 하면 또 다시 착한 일을 하고 싶을 만큼 기뻤던 일이 있나요? 있다면 무엇인가요?

하나님의 계명과 친구 되기

시간을 함께 보내고 싶은 제일 친한 친구, 영어로 말하면 베스트 프렌드가 있나요? 아마 그런 친구가 있다면, 그 친구와 많은 시간을 함께 하며, 많은 관심사를 나누고, 많은 것들을 함께 하며 즐거운 시간을 보낼 것입니다. 어쩌면 그 친구에게 많은 걸 의지하고, 또 자주 붙어 다닐지도 모릅니다. 어려운 일이 있을 때에는 그 친구에게 부탁을 하기도 하지요.

사실 오늘날에는 익숙하지 않은 개념이지만, 수 세기동안 유대인들은 하나님의 계명을 매우 중요하게 여겼습니다. 유대인들의 이러한 생각은 하나님께서 주신 계명, 즉 미쯔바(계명)와의 우정에 대한 수많은 이야기들을 남겼습니다.

아래 이야기들을 읽고 다음 질문에 대답해 보세요.

하나님의 계명이 유대인에게 가장 믿음직한 친구인 이유는 무엇인가요?
예루살렘에 한 사람이 있었습니다. 그에게는 세 명의 친구들이 있었는데, 안타깝게도 세 명 중 한 명은 자기를 그리 좋아하지 않는다고 여겨 매우 불편한 마음을 가지고 있었습니다. 그러던 어느 날 친구들과의 우정을 시험할 기회가 찾아왔습니다. 왕이 그를 궁전으로 불러들인 것입니다.
궁으로 들어오라는 명령을 받고 그 사람은 두려움에 사로잡힌 채 이렇게 생각했습니다.

"아마 누군가가 나에 대해 헛소문을 퍼트렸을 거야. 아마 왕은 그 소문으로 인하여 나에게 벌을 내릴 계획을 가지고 있겠지. 그러나 괜찮아. 나는 어떻게 해야 할지 감은 잡았어. 내가 가장 친한 친구에게 가서 함께 가자고 부탁하는 거야. 그 친구가 나와 함께 궁으로 가서 나를 변호해줄 수 있을 거야."

여러분이 하나님의 계명을 지킬 수 있는 쉬운 방법 중 한 가지는 바로 체다카(Tzedakah, 기부)로 어려운 사람을 도와주는 것입니다.

그는 자기가 가장 좋아하는 친구를 찾아가 왕 앞에서 자기를 변호해 달라고 부탁했습니다. 그러나 그 친구는 부탁을 들어주지 않으려 변명을 늘어냈습니다. 그 친구에게 실망하고 그는 두 번째 친구를 찾아 갔습니다. 그러자 두 번째 친구는 이렇게 말했습니다.

"너와 같이 궁전까지는 가줄 수 있어. 친구끼리 당연한 거지. 그런데 왕 앞에서 널 변호하기는 힘들 것 같네."

또 한 번 실망한 그는 이번에는 세 번째 친구를 찾아 갔습니다.

사실 한 번도 그와 깊은 대화를 해본 적은 없지만, 세 번째 친구는 이렇게 말했습니다.

"당연하지! 너와 함께 왕 앞에 갈께! 그리고 변호해 줄께!"

그렇게 하여 그 사람과 그의 세 번째 친구가 왕 앞에 나아갔습니다. 친구는 그 사람 대신에 그를 변호해 주었고, 결국 왕은 그에게 벌을 내리지 않았다고 합니다.

이 이야기에 나오는 비유는 사람들이 인생을 살아가며 지키는 하나님의 계명들과 깊이 연관되어 있습니다.

이 이야기에 등장하는 왕은 당연히 하나님을 비유한 것입니다. 사람이 죽으면 왕 되신 하나님 앞으로 가게 됩니다. 그 누구도 예외는 없습니다. 이야기의 주인공인 한 사람의 기대를 완전히 저버린 첫 번째 친구는 돈을 의미합니다.

돈이 아무리 많아도 죽으면 아무런 소용이 없기 때문입니다. 궁전 입구까지만 함께 하겠다고 말한 두 번째 친구는 바로 가족을 뜻합니다. 가족들은 죽은 사람을 묻어주는 데에까지는 동행하지만, 무덤까지 함께 들어갈 수는 없습니다.

왕 앞에 나아가서 주인공의 무죄를 변호해준 세 번째 친구는, 바로 사람이 살면서 지켜온 하나님의 계명들입니다. 사람이 죽으면, 살면서 지켜온 계명들이 하나님 앞에까지 함께 가서 그 왕 앞에 서서, 그가 해온 일들에 대해 하나님께 변호하는 말을 해준다고 합니다.

이 때문에 이 비유는 하나님의 계명이 유대인의 가장 믿음직한 친구라고 말하고 있는 것입니다.

❗ 한 번 더 생각해 봅시다

1. 위에서 읽은 이야기에서 세 번째 친구와의 우정이 가족을 뜻하는 두 번째 친구와의 우정보다 정말 더 좋은 것이라고 생각 하시나요?
2. 이 이야기에 나오는 가치들인 돈, 가족, 하나님의 계명 중 여러분이 가장 중요하게 여기는 것은 무엇인가요? 이 이야기는 무엇이 가장 중요하다고 말하고 있나요?
3. 계명을 지킴으로서 어떻게 기쁨을 얻을 수 있을까요?

제11장

נְבִיאִים

NEVI'IM

너비임

'너비임'은 히브리어로 '선지자들'을 가리키는 용어입니다. 히브리어로 성경을 읽는다면 후마쉬(토라, 오경) 다음 두 번째 부분을 '너비임(선지서)'이라 부릅니다. 안식일과 절기에 토라를 읽고 난 다음에 읽는 '하프타라'는 언제나 '너비임'의 구절에서 가져옵니다.

영어로 '선지자'(Prophet)라는 말은 마법과 같은 힘으로, 미래의 일을 말하는 사람을 가리킬 때 사용하기도 합니다. 그러나 히브리어로 '선지자'(נָבִיא, 나비)는 하나님의 말씀을 대신 전하는 사람을 가리키는 말입니다.

'저울'과 '추'는 '정의', '표준', '기준'을 의미합니다. '정의', '공의'는 선지서 전체에 걸쳐 매우 중요한 가치입니다.

하나님께서 불타는 떨기나무에 나타 나셔서 모세에게 하나님의 말씀을 전하라고 말씀 하셨습니다. 그러나 모세는 이를 선뜻 받아 들이지 못하고 주저 하였습니다.

우리는 성경을 읽으면서 어떤 책이 선지서에 속하는지 잘 알고 있습니다. 그런데 한글 성경과 히브리어 성경을 비교하면 약간의 차이가 있는 것을 알 수 있습니다. 다음 페이지에 나오는 선지서 도표를 보시면서 한글 성경과 히브리어 성경의 선지서 분류 방법의 차이를 찾아 보시기 바랍니다.

여러분은 성경을 읽으면서 가장 먼저 만난 선지자는 누구입니까? 또 여러분이 생각할 때 가장 위대한 선지자는 누구인지요? 유대인들은 가장 위대한 선지자로 모세를 뽑습니다. 그러나 모세에 대한 성경기사는 선지서(너비임)가 아닌 후마쉬(토라, 오경)에서 찾을 수 있습니다.

후마쉬의 마지막 부분은 말합니다. '이제 앞으로 모세와 같은 선지자는 없을 것이다.' 물론 성경은 '나(모세)와 같은 선지자를 세우실 것이다(신 18:15)'고 말씀합니다.

또한 유대인들은 모든 선지자들 중 모세가 가장 뛰어난 선지자라고 노래하는 '이그달'(Yigdal)이라는 노래를 부르는데 들어 보신 적이 있을 것입니다.

우리는 이번 장에서 모세 이후로 나타난 선지자들의 입을 통하여 선포한 하나님의 경고와 두려움의 메시지에 대해 살펴보고, 이를 통해 선지자들은 무엇을 하는 사람인지, 어떤 생각을 가지고 있었는지, 어떤 말을 하였는지 배우게 될 것입니다.

더 나아가 많은 다른 사람들과 마찬가지로 선지자들 또한 하나님의 대언자로서 일하는 것을 망설이고 주저 하였다는 것을 알게 될 것입니다.

⭐ 우리가 새롭게 배우게 될 교훈

1. 선지자들은 자신의 의지보다는 하나님의 명령으로, 그리고 자신의

말이 아닌 하나님의 말씀을 대신 전하는 사람이었습니다.
2. 선지자들의 메시지는 그 시대의 백성들에게 항상 받아 들여 지는 것은 아니었습니다.

하나님의 말씀을 대언하는 선지자

어떤 선지자들은 부유한 집안, 또는 그 시대의 명문가의 아들이기도 하였습니다. 반면 어떤 선지자들은 가족이 없는 사람도 있었으며, 가난한 생활을 하기도 하였습니다. 그러나 집안이나 배경에 상관없이 모든 선지자들은 하나님께서 그들을 선택하셨다는 것을 알고 있었으며, 자신들이 원하든지 원치 않든지 하나님의 명령에 따라 하나님의 말씀을 대신 전하였습니다.

많은 선지자들 가운데, 하나님의 말씀을 대언하는 것을 망설이고 주저한 선지자들이 있는데, 다음 이야기를 읽은 후 다음 질문에 대답해 보세요.

모세와 예레미야가 하나님의 말씀을 대언하는 것을 주저했다는 것을 어떻게 알 수 있나요?

하나님의 명령으로

미드라쉬에 따르면, 모세는 파라오의 공주에게 입양되어 이집트 왕궁에서 왕자로 성장하였지만, 성년이 되고 나서는 종종 히브리 노예들과 함께 지냈던 것으로 보입니다. 왕궁에서 자랐음에도 자기 민족의 백성들이 당하는 고통을 함께 느끼고 있었던 것입니다.

어느 날, 한 이집트인이 히브리인 노예를 마구 때리는 것을 모세는 보

선지서(The Nevi'im, נְבִיאִים)

전 선지서	נְבִיאִים רִאשׁוֹנִים	전 선지서들은 이스라엘 민족이 여호수아의 인도아래 약속의 땅에 들어간 때부터 500년 정도 지난 후 예루살렘이 파괴될 때까지의 역사 속에 나타난 하나님의 활동하심과 계시에 대하여 전하고 있습니다.
여호수아	יְהוֹשֻׁעַ	
사사기	שׁוֹפְטִים	
사무엘상	שְׁמוּאֵל א	
사무엘하	שְׁמוּאֵל ב	
열왕기상	מְלָכִים א	
열왕기하	מְלָכִים ב	

후 선지서	נְבִיאִים אַחֲרוֹנִים	후 선지서들은 예루살렘 성전이 파괴되고 바빌론의 포로로 끌려간 이스라엘 백성들을 위로하고, 하나님께서 그들을 예루살렘으로 다시 돌아오게 하신다는 약속의 말씀을 기록한 말씀입니다.
이사야	יְשַׁעְיָה	
예레미야	יִרְמְיָה	
에스겔	יְחֶזְקֵאל	

12 소선지서	תְּרֵי־עָשָׂר	소선지서는 선지자들의 책이라 불리는 책으로, 열 두 명의 선지자들이 하나님의 말씀을 대언한 내용입니다. 이 선지자들의 메시지는 다른 선지자들의 말씀과 똑같이 중요하지만, 그 내용이 짧기 때문에 이 책들을 소선지서라 부르게 되었습니다.
호세아	הוֹשֵׁעַ	
요엘	יוֹאֵל	
아모스	עָמוֹס	
오바댜	עֹבַדְיָה	
요나	יוֹנָה	
미가	מִיכָה	
나훔	נַחוּם	
하박국	חֲבַקּוּק	
스가랴	צְפַנְיָה	
학개	חַגַּי	
스가랴	זְכַרְיָה	
말라기	מַלְאָכִי	

게 되었습니다. 모세는 자기 동족인 노예를 구하기 위해 그 이집트인을 밀쳤는데, 그 이집트인은 본의 아니게 죽었습니다. 모세는 아무도 보지 않았을 것이라 생각하고 그 시신을 모래 속에 파묻었습니다. 그러나 불행하게도 그 광경을 지켜본 히브리인이 있었습니다.

그 다음날 모세는 그의 동족이 일하는 곳으로 다시 나갔는데, 이번에는 동족끼리 싸우고 있는 것이 아닙니까? 그래서 두 사람의 싸움을 말리는데 그 한 사람이 이야기 하기를 어제는 이집트인을 죽이더니 오늘은 나를 죽이려 하느냐며 항변하는 말을 들은 모세는 자기의 행동이 탄로 난 것을 알게 되었습니다. 결국 모세는 이집트에서 도망쳐 미디안 땅으로 가서 그 곳에서 양치기로 살았습니다.

양을 돌보며 평화롭게 지내던 모세는 어느 날 놀라운 광경을 보게 되었습니다. 떨기나무에 불이 붙었는데, 그 나무가 불타지 않는 것입니다. 그 나무를 바라보자 그곳으로 부터 하나님의 음성이 들려왔습니다.

"모세야, 파라오에게 가서 내 백성들을 자유롭게 하라고 말하라. 내 백성들을 이집트에서 나오게 만들어라."

그러나 모세는 그 사명을 맡고 싶지 않았습니다. 그래서 모세는 말합니다.

"제가 누구 이길래, 이스라엘 백성들을 이집트에서 나오게 만드는 일을 맡아야 합니까?"

그러자 하나님께서 이렇게 말씀하셨습니다.

"내가 너와 함께 하리라. 그러니 이집트로 가거라."

그럼에도 모세는 하나님의 명령을 따르는 것을 주저 하였습니다. 그래서 모세는 하나님께 이렇게 말합니다.

"하지만 저는 말을 잘 못합니다. 파라오는 제 말을 듣지도 않을 것이고, 백성들 또한 저의 말을 절대 따르지 않을 것입니다."

하나님께서는 모세에게 약속 하셨습니다.

"내가 도와 준다면 네가 말을 잘 못해도 별 문제가 없을 것이다."

이번에도 모세는 하나님께서 맡기신 일을 맡지 않으려 하였습니다.

"제발, 제가 아닌 다른 사람을 선택해 주십시오."

이런 이야기를 들어보셨나요?

선지자들의 히브리어 이름은 영어 이름과는 다른 경우가 많이 있습니다. 예레미야의 이름은 영어로는 '제레마이야'라고 불리지만, 히브리어로는 '이르머야'라고 불리는 것을 알 것입니다. 아모스 선지자 또한 영어로는 '에이모스'라고 불리지만, 히브리어로는 '아모스'라고 합니다. 에스겔 선지자의 이름은 영어로는 '이제키엘'이라고 읽지만, 히브리어로는 '여헤즈케일'이라고 합니다. 아시다시피, 영어로 모세의 이름은 모세스이나 히브리어로 '모쉐'입니다.

그러자 하나님께서는 모세에게 화를 내셨습니다.

"네 형 아론이 말을 잘 하니, 아론이 너를 도와줄 것이다.

그러니 너는 내 말을 듣고 이집트로 가서 내 말을 전하라."

그제서야 모세는 자기에게 선택권이 없다는 것을 깨달았습니다. 그 후 모세는 하나님의 대언자로 활동 해야만 한다는 것을 알고 하나님의 말씀에 순종 하였습니다.

오랜 시간이 흘러, 하나님께서는 예레미야를 하나님의 대언자로 부르셨습니다. 이 때 선지자들의 역할은 "백성들이 하나님께 돌아오지 아니하면, 이스라엘 나라가 멸망할 것이라는 경고의 메시지를 전하는 것"이었습니다. 모세와 마찬가지로, 예레미야 또한 선지자가 되고 싶지 않았으므로 하나님께 간청했습니다.

"저는 아직 어립니다. 어떻게 말을 해야 할지도 모릅니다."

그러나 하나님께서는 예레미야에게 걱정하지 말라 하시며 이렇게 말씀 하셨습니다.

"스스로를 어린 아이라고 여기지 말라. 내가 네게 전해주는 말이라면 무엇이든지 말하라. 두려워 말라. 내가 함께 할 것이다."

하나님의 명령에는 선택권이 없었습니다. 선지자들은 하나님께서 부르시면 말씀대로 행해야 했습니다. 하나님께서는 에스겔에게 "너를 이스라엘 백성들에게 보낸다. 그들이 듣지 않더라도, 그들에게 내 말을 전하라"라고 하셨습니다.

또한 아모스 선지자는 "사자가 울부짖으면 모든 사람들이 두려움에 떤다. 이와 같이 하나님께서 부르시면 선지자들이 이에 답하지 아니하겠느냐"라 하였습니다.

⚠ 한 번 더 생각해 봅시다

1. 모세와 예레미야의 공통점 세 가지를 찾아 기록하여 보세요.
2. 모세가 맡은 일과 예레미야가 맡은 일의 차이점 한 가지를 찾아보세요.

선지자들은 어떤 말을 했을까?

모세가 이스라엘 백성들에게 준 열 마디 말씀(십계명)은 하나님의 백성이 하나님 앞에서 어떻게 행동해야 하는지를 가르쳐줄 뿐만 아니라, 다른 사람들에게 어떻게 행동해야 하는지도 가르쳐주고 있습니다. 또한 하나님을 어떻게 사랑해야 하는지 그리고 다른 사람들을 어떻게 사랑하여야 하는지를 가르쳐 주는 귀한 말씀입니다.

모세와 같이 다른 선지자들도 하나님께서는 하나님을 예배하는 것뿐만 아니라 우리가 이웃을 어떻게 대하며 사는 지 지켜 보시고 귀를 기울이신다고 가르칩니다. 선지자들이 어떤 말을 전했는지 잘 읽으시고, 다음 질문에 대답해 보세요.

선지자들이 나눈 말씀은 무엇인가요?

정의는 소중하다

이스라엘 역사를 통틀어 민족의 지도자들은 우리 민족에게 일어난 비극적인 일들이 우리의 악한 일들 때문에 일어났다는 것을 알고 있었습니다. 오늘날 우리가 이러한 생각을 받아 들이지 않더라도, 옛날 우리 조상들은 그렇게 믿었습니다.

예레미야를 그 예로 들 수 있습니다.

이 그림은 19세기 후기, 폴란드 화가 모리시 고티브가 대 속죄일을 그린 것입니다. 대 속죄일 아침에 읽는 이사야 선지자의 메시지는 우리가 한 해 동안 어려운 이웃을 돕지 않으면, 설령 금식기도를 하더라도, 하나님께서 이를 기뻐하지 않으신다고 가르치고 있습니다.

제11장 너비임 **131**

예레미야는 이스라엘 백성들이 이웃에게 악한 일을 행하고, 이를 멈추지 않으면 예루살렘 성전이 무너질 것이라고 경고 했습니다. 사람들이 서로를 공정하게 대하지 않으면, 하나님께서는 결국 이스라엘 백성들을 약속의 땅에서 쫓아내실 것이라고 말씀 하셨습니다.

선지자들은 백성들뿐만 아니라 지도자들에게도 경고의 메시지를 전하였습니다. 왜냐하면 정의롭지 않은 지도자들이 백성들까지도 하나님의 벌을 받게 만들었기 때문입니다.

나단 선지자는 다윗 왕에게 양심을 지키도록 권면한 담대한 선지자였습니다. 다윗 왕은 밧세바라는 여인과 결혼하고 싶었으나, 그녀는 이미 우리야라는 장군과 결혼한 사이였습니다. 다윗이 우리야를 격렬한 전투가 벌어지는 전쟁터로 보내어 그를 죽게 만들자, 나단 선지자는 다윗에게 찾아가 하나님께서 그를 벌하실 것이며, 다윗의 가족에게 문제가 생길 것이라고 말하였습니다.

실제로 다윗이 가장 사랑하는 아들 압살롬이 아버지 다윗을 대항하여 반란을 일으키는 일이 생기고야 말았습니다.

선지자들의 가르침에 따르면, 우리가 이웃에게 악한 일을 저지르면, 하나님을 예배하더라도 하나님께서 기뻐하시지 않는다고 가르칩니다. 이사야 선지자는 하나님의 말씀을 대신 전하며, 백성들에게 이렇게 소리쳤습니다.

"내게 무엇을 바치든 다 부질없다. 너희들의 희생 제사도 역겹다. 너희들이 악행을 그만두고 선행을 배우기 전에는, 정의를 행하고 어려운 이웃을 돕기 전에는 너희들의 기도를 듣지 않을 것이다."

여러분 스스로 찾아 읽어보시고 친구들과 토론해 보세요.

모세와 떨기나무 이야기는 출애굽기 3장과 4장에서 찾을 수 있습니다. 하나님께서 예레미야 선지자를 부르셨으나 예레미야가 이를 주저하는 내용은 예레미야서 1장 4절부터 8절에 있습니다. 사무엘하 12장에서 나단 선지자가 다윗 왕에게 양심을 지키라고 촉구하는 내용을 확인할 수 있습니다. 대 속죄일에 드리는 예배에 관해서는 레위기 16장 1절부터 34절까지, 민수기 29장 7절부터 11절까지를 읽으면 알 수 있습니다. 이 날 읽는 하프타라는 이사야서 57장 14절부터 58장 14절까지입니다.

매년 대 속죄일 아침, 이미 금식으로 아직 배가 고플 때, 유대인들이 읽는 하나님 말씀은 대 속죄일에 드리는 예배에 대해 가르쳐줍니다. 이 날 토라와 함께 읽는 하프타라는 이사야서에서 가져온 말씀으로, 우리가 읽은 토라의 의미를 흥미로운 방향으로 접근하도록 인도하고 있습니다. 만일 우리가 금식을 하더라도 어려운 이웃을 돕지 않는다면, 하나님께서는 우리의 금식을 기뻐하지 않으실 것이라는 말씀입니다.

우리가 우리 이웃들에게 보이는 선행과 정의가 하나님을 기쁘시게 한다는 것을 가르쳐 주는 말씀입니다.

❗ 한 번 더 생각해 봅시다

1. 선지자들은 백성들과 지도자들이 정의를 행하지 않으면 어떤 일이 일어난다고 말하고 있나요?
2. 대 속죄일 아침에 읽는 하프타라가 특히 흥미로운 이유는 무엇입니까? 찾아보세요.
    ⓐ 하나님을 예배하는 방법들 중 가장 중요한 것은 금식이라고 말하고 있기 때문입니다.
    ⓑ 금식 그 자체의 의미에 대해 의문을 제기하기 때문입니다.
    ⓒ 정의의 중요성에 대해 강조하고 있기 때문입니다.
    ⓓ b와 c 모두 정답입니다.

제12장

סֵפֶר תּוֹרָה

SEFER TORAH

세페르 토라

세페르 토라는 후마쉬(오경)가 적힌 양피지 두루마리를 말합니다. 전통적으로 토라(오경)는 세페르 토라에 적혀있는데, 회당에서 읽혔으며, 오늘날과 같이 후마쉬(오경, 토라)처럼 간편하게 가지고 다닐 수 있는 책으로 정리된 것이 아니었습니다. 세페르 토라는 모두 직접 손으로 필사한 것이며, 모음부호나 발음 기호는 적지 않았습니다.

'세페르'(סֵפֶר)라는 말은 히브리어로 '책'을 뜻합니다. 그러나 먼 옛날에는 오늘날 우리가 가지고 읽고 있는 형태의 책은 없었으므로 양피지에 이를 기록하였습니다.

유대인들은 세페르 토라를 존중하기에 왕관이나 리모님(rimonim)이라는 장식물로 세페르 토라를 장식합니다.

세페르 토라에 들어가는 토라 두루마리의 필사(혹은 소페르)는 정해진 방식을 따라 정해진 도구를 사용하여 기록합니다.

'세페르 토라'만큼 유대인들이 사랑하고, 또 존중하는 물건도 없을 것입니다. 유대인들은 다양한 방식으로 세페르 토라에 대한 사랑을 보여주고 있습니다.

토라를 사랑하는 방법 가운데 하나는 바로 아름다운 비단 덮개로 '세페르 토라'를 덮고 흉패와 왕관으로 장식하는 것입니다. 세페르 토라를 법궤에서 꺼내어 들고 입을 맞추기도 합니다.

세페르 토라나 장식물이 닳거나 더 이상 쓰지 못하게 되더라도, 이를 바로 버리지 않고 회당 안에 안전한 장소를 정하여 보관하였다가 모아지면 함께 땅에 묻거나 태웁니다.

본 장에서는 '세페르 토라'가 만들어 지기까지 얼마나 많은 사람들의 수고와 노력이 있었는지를 배우게 될 것입니다. 또한 '세페르 토라'의 글자 크기가 다른 것이나, 글자가 왕관을 가지고 있는 것과 같은 특징을 발견할 수 있는데, 그러한 특징들 뒤에 숨겨진 의미들을 배우려고 합니다.

⭐ 우리가 새롭게 배우게 될 교훈

1. 모든 '세페르 토라'는 고도의 훈련을 받은 소페르(서기관)들이 정해진 방식을 따라 필사한 것입니다.
2. '세페르 토라'가 가지는 특징들이 가지고 있는 중요한 의미를 깨닫게 될 것입니다.

세페르 토라의 준비 과정

학교에서 내준 숙제는 최대한 깔끔해 보이도록 해야 합니다. 잘 깎은 연필이나 좋은 볼펜을 써야 합니다. 잉크가 다 떨어지거나 끝이 뭉개져 글씨가 번지는 펜을 쓰지는 않습니다. 잘못 쓴 부분을 펜으로 박박 긁어 지

우거나 지우개를 너무 많이 쓰지도 않습니다. 학교 숙제도 이렇게 열심히 준비하는데, 유대인들의 삶에서 가장 거룩한 물건들 중 최고로 거룩한 '세페르 토라'를 기록하기 위하여 준비하는 것은 얼마나 더 열심히 준비해야 하는지 상상할 수 있을 것입니다.

이제 다음에 나오는 이야기, '세페르 토라'를 어떻게 준비하는지에 관한 내용을 읽고, 다음의 질문에 답해 보세요.

세페르 토라를 준비할 때 따라야 하는 규칙들은 무엇인가요?

소페르는 세페르 토라를 어떻게 준비하나요?

모든 '세페르 토라'는 특별한 훈련을 받은 하나님의 사람들이 준비하게 됩니다. 유대인들은 이러한 사람들을 '필사자', 히브리어로는 '소페르'(סוֹפֵר, '세페르(סֵפֶר)'라는 히브리어 단어와 관련이 있습니다)라고 부릅니다.

소페르는 '세페르 토라'를 기록할 때, 자신의 상상력과 창의력을 발휘해서는 안 됩니다. 예를 들면, 필사하고 있는 '세페르 토라'에 모음을 추가한다던가, 선을 따로 추가한다거나 할 수는 없습니다.

사용하는 재료도 정해져 있습니다. 토라를 적는 양피지는 반드시 성경에서 부정하다고 말하지 않은 동물들, 즉 코셔로 사용할 수 있는 짐승의 가죽을 사용해야 합니다.

잉크는 반드시 검은 색이어야 합니다. 토라를 필사하고 난 후에는 또 코셔의 기준에 맞는 동물들의 힘줄로 양피지와 양피지를 꿰매어 연결합니다. 수 많은 양피지들로 연결된 두루마리는 나무로 만든 롤러나 상아로 만든 롤러에 감습니다.

18세기 독일에서는 토라를 꾸미기 위한 아름다운 장식물들이 만들어졌습니다. 위의 사진은 보석으로 장식한 토라 왕관입니다. 아래 사진은 은으로 화려하게 장식된 흉패(breastplate)입니다.

소페르가 토라에 대해 많이 알고 있더라도, 자기 기억에 의존해서 필사해서는 안 됩니다. 반드시 토라 책을 읽고 읽은 것을 써야 하며, 필사하기 전 말씀을 입으로 직접 읽어야 합니다.

필사를 시작하기 전에는 "이 책을 거룩한 세페르 토라에 기록 하겠습니다"라고 말해야 합니다. 하나님의 이름을 쓰기 전에는 매번 "이 거룩하고 구별 된 이름을 기록합니다"라고 소리 내어 말해야 합니다.

소페르는 단어나 알파벳이 다른 뜻으로 혼동되지 않도록, 글씨 하나하나에 온 신경을 기울여 깔끔하게 기록합니다. 알파벳 사이의 간격 또한 충분히 벌어지게 하여 글씨가 겹치지 않도록 정신을 집중하여 기록합니다.

아무리 뛰어난 소페르라도 실수를 할 수 있습니다. 소페르가 필사 중에 실수를 하면 보통 틀린 부분을 고치게 됩니다. 칼이나 돌로 오타가 난 부분을 아예 잘라 버리는 것입니다. 그러나 하나님의 이름은 절대로 지울 수 없습니다. 따라서 하나님의 이름을 쓰다가 틀리게 되면, 그 양피지는 '세페르 토라'로 쓸 수가 없습니다.

'세페르 토라'에서 오타가 발견되거나 글씨가 지워지면, 소페르가 이 부분을 고치기 전에는 '세페르 토라'로 사용할 수 없습니다. 뛰어난 소페르들이 '세페르 토라'에서 발견된 오타를 고쳐야 합니다.

❗ 한 번 더 생각해 봅시다

1. 소페르가 자기 기억에 의존해서 말씀을 필사할 수 없는 이유는 무엇인가요? 소페르가 지켜야 하는 규칙을 최소한 세 가지 이상 적어 봅시다.
2. 소페르들이 따르는 이 규칙들을 보고 '존중'이라는 말의 의미를 이해할 수 있나요?

3. 여러분이 존중하는 것 한 가지를 생각해 봅시다. 여러분이 선택한 것을 존중하는, 여러분만의 특별한 방법이 있나요?

세페르 토라의 말씀은 왜 똑같아야 하나요?

모세는 이스라엘 백성들에게 토라의 가르침을 전할 때 다음과 같이 말했습니다.

> "내가 너희에게 명령하는 모든 것을 지켜야 한다. 여기에 그 무엇도 더하거나 빼서는 안 된다."

찾아 읽어봅시다.

토라에서 그 어느 것도 더하거나 빼지 말라는 하나님의 경고는 신명기 13장 1절(한글성경 신명기 12장 32절)에서 찾을 수 있습니다.

모세의 이 말은 토라를 해석해서는 안 된다는 뜻이 아닙니다. 오히려 소페르들은 모세의 이 말을 전통에 따라 해석하여 필사 작업을 하고 있습니다.

모세가 죽은 후 수백 년 동안, 히브리어에는, 오늘날 유대인들이 사용하는 것과 같은 모음이 없었습니다. 따라서 소페르들은 세페르 토라에 모음을 추가해서는 안 된다는 것을 잘 알고 있습니다.

이와 같이 소페르들은 자신이 필사하는 문서에서 크기가 큰 글씨나 작은 글씨도 똑같이 필사해야 한다는 것 또한 알고 있습니다. 다른 책들과는 다른 부분들까지도 세페르 토라끼리는 똑같이 필사된다는 것입니다.

다음을 읽고 아래 질문에 답해보세요.

'세페르 토라'에 나오는 쉐마 구절에서 다른 알파벳보다 더 크게 쓴 알파벳들이 나오는 이유는 무엇일까요?

슈마 구절의 큰 글씨: 세페르 토라의 통일성

유대인들은 말하기를, '슈마 구절은 우리 믿음의 영원한 신조라고 부른다'라고 합니다. 신조는 믿음이나 원칙을 표현하는 단어나 문장이라는 뜻입니다. 유대인들이 슈마를 말할 때마다 하나님께서는 단 한 분뿐이라는 믿음을 표현한다고 합니다.

아래 사진은 '세페르 토라'에 나오는 슈마 구절을 찍은 사진입니다. 모든 '세페르 토라'에는 슈마를 아래와 똑 같이 기록합니다. '슈마(שְׁמַע)'의 첫 번째 문장을 시작하는 단어 '슈마(שְׁמַע)'의 마지막 문자 '아인(ע)'과 첫 번째 문장의 마지막 단어 '에카드(אֶחָד)'의 마지막 문자인 '달레트(ד)'는 다른 알파벳들보다 더 크게 기록합니다.

한 미드라쉬에 따르면, 알파벳 아인이 다른 알파벳보다 더 크게 적힌 이유는 바로 이 문자 안에 담긴 뜻 때문이라고 합니다. 히브리어로 아인(עין)이라는 문자의 의미는 '눈'이라는 뜻입니다.

세페르 토라에 나오는 슈마의 한 구절입니다. 손가락으로 표시된 알파벳 달레트(ד)가 크게 쓰인 것을 확인할 수 있습니다.

여러분도 잘 알다시피 슈마의 첫 문장은 "들으라 이스라엘아, 여호와는 우리의 하나님이시다. 여호와는 한 분이시다."입니다.

슈마를 읽을 때마다 알파벳 아인이 더 큰 것을 보며, 유대인들은 하나님께서 한 분 뿐이심을 귀로만 듣는 것이 아니라, 눈으로도 보아야 한다는 것을 배울 수 있다 하였습니다.

미드라쉬는 또 알파벳 달레트가 다른 알파벳들보다 더 큰 이유에 대해 설명해주고 있습니다. 바로 알파벳 달레트가 다른 히브리어의 다른 알파벳 레이쉬(ר)와 매우 비슷하게 생겼기 때문이라고 합니다.

'에ㅎ카드(אֶחָד)'라는 단어에서 마지막 알파벳 달레트를 레이쉬로 잘못 쓰면 '에ㅎ카르(אַחַר)'가 되어 다른 의미를 가지게 됩니다. '에ㅎ카르(אַחַר)'의 의미는 '다른'이나 '또 다른'이라는 의미를 가지기 때문에 슈마의 의미를 다른 뜻으로 바꾸어 버립니다. 그러면 슈마 구절의 의미가 완전히 다른 의미로 바뀌게 됩니다. 따라서 슈마 구절을 오해하지 않도록 에ㅎ카드라는 단어에서 알파벳 달레트를 다른 알파벳들보다 크게 쓴다 하였습니다.

이와 같이 유대인의 토라 선생님들께서는 세페르 토라의 특징을 하나하나 살피며 그 안에서 중요한 의미들을 찾아 내었습니다. 때문에 이 세페르 토라를 기록하는 소페르는 글씨 하나하나, 글씨 크기까지 세심하게 필사 해야만 했습니다.

❗ 한 번 더 생각해 봅시다

1. 소페르가 세페르 토라에 모음을 따로 넣지 않는 이유는 무엇인가요?
2. 세페르 토라에 기록된 슈마에서 유독 큰 글씨가 나옵니다. 그 이유에 대한 설명 중 하나를 예로 들어보세요.

제13장

ALIYAH

알리야

    알리야는 토라를 낭독하기 전과 낭독한 후에 축복의 말씀을 묵상하기 위하여 토라를 읽는 단(비마)으로 오르라는 부름을 받습니다.

    히브리어로 '알리야'(עֲלִיָה)는 '올라가다'라는 의미를 가진 히브리어입니다. 유대인들은 이스라엘 땅으로 올라가는 것 또한 '알리야'라고 부르기도 합니다.

심하트 토라(초막절 8째날)에 바르 미쯔바와 바트 미쯔바 예식에 참여할 나이가 된 아이들은 토라를 읽을 알리야의 그룹이 됩니다.

뉴욕 버팔로에 위치한, 베이트 시온 성전에 있는 토라를 읽는단(비마)입니다. 양 기둥에 열 마디 말씀(십계명)의 첫 알파벳이 기록되어 있습니다.

왼쪽 사진에 보이는 것이 바로 토라를 읽을 사람이 올라가 토라를 읽는 단이 비마(בימה)로, 회당 강단 내부에 자리 잡고 있습니다.

여러분이 보는 대로 비마는 회중들이 앉는 자리보다 더 높은 곳에 위치하여 있습니다. 토라 낭독은 바로 이 비마에 세워진 강단에서 읽습니다. 그날 회중 가운데서 '알리야'로 부름을 받은 사람은 자기 자리에서 일어나 비마로 올라갑니다.

본 장에서는 사람들이 어떻게 알리야로 부름을 받는지, 그 전통에 대해 배우려고 합니다. 사람들이 알리야로 부름 받을 때에 어떤 예식을 치르는지에 대해서도 공부할 것입니다.

⭐ 우리가 새롭게 배우게 될 교훈

1. 알리야는 특별한 방식으로 부름 받게 됩니다.
2. 심하트 토라(초막절 8째날)에 특별하게 알리야로 부름 받는 사람은, 결혼이나, 생일 그리고 바르 미쯔바, 바트 미쯔바 예식과 관련되어 있습니다.

알리야는 어떻게 부름 받나요?

토라를 낭독하는 전통은 회당마다 조금씩 차이가 있습니다. 하지만, 일단 여러분이 안식일 아침에 전통을 엄격히 지키는 회당에 갔다고 상상해 봅시다. 여러분은 아직 바르 미쯔바, 바트 미쯔바의 예식을 치를 나이가 되지 않았습니다. 따라서 오늘 아침에는 알리야로 부름 받지 않을 것입니다. 그러나 오늘 예배에 집중하면, 나중에 여러분의 차례가 왔을 때, 어떻게 해야 할지 알게 될 것입니다.

이번 장은 여러분이 알리야로 부름 받을 때에 따라야 하는 절차에 대해서 설명하고 있습니다. 아래 이야기를 읽고 다음 질문에 답해 보세요.

알리야로 부름 받은 사람은 무엇을 해야 하나요?

알리야로 부름을 받을 때

회당에서는 토라를 여러 부분으로 나누어, 알리야로 부름을 받은 사람들이 각 부분을 읽게 됩니다. 만약 여러분이 알리야로 부름을 받고 토라의 부분을 읽게 된다면, 토라를 읽기 전과 후에 축복의 말씀을 먼저 읽어야 합니다. 대부분의 회당에서는 알리야로 부름을 받고 토라를 읽는 사람에게 다음과 같은 순서를 따르도록 인도하고 있습니다.

יַעֲמֹד דָּנִיאֵל יַעֲקֹב בֶּן אַהֲרֹן דָּוִד וּדְבוֹרָה רִבְקָה רְבִיעִי.

아론 다윗과 드보라 리브가의 아들, 야곱은 네 번째 알리야를 위해 일어나겠는가?

아론 다윗과 드보라 리브가, 야곱은 여러분의 부모님의 히브리어 이름이며 여러분의 이름입니다. 알리야로 부름받기 위해서는 먼저 여러분의 부모님과 여러분의 히브리어 이름을 알고 있어야 합니다.

이제 여러분의 이름이 불리면, 비마로 올라가 토라를 낭독하고 있는 분의 오른쪽에 섭니다. 그 사람은 여러분에게 여러분이 읽어야할 토라 부분의 시작을 보여주고, 어디까지 읽어야 할지 자세하게 알려 줍니다. 그 때 여러분은 여러분이 쓰고 있는 탈리트(머리에 쓰는 긴 숄)의 끝을 오른손으로 잡고, 여러분이 읽어야 할 토라의 시작 부분에 탈리트를 댄 다음 탈리트에 입을 맞춥니다.

이제 토라 낭독을 시작하는 축복 문을 낭독할 시간입니다. 여러분은 다음과 같은 축복 문을 말 할 것입니다.

בָּרְכוּ אֶת־יְיָ הַמְבֹרָךְ!

여러분은 거룩하신 주님의 축복을 받으세요

회중은 다음과 같이 응답합니다.

בָּרוּךְ יְיָ הַמְבֹרָךְ לְעוֹלָם וָעֶד!
거룩하신 주님께 영원히, 또 영원히 감사 할 지어다

회중이 응답한 축복의 말을 여러분이 다시 한 번 말합니다. 그리고 첫 번째 축복 문을 선포합니다.

하나님께서 우리 민족에게 토라를 주셨습니다.
בָּרוּךְ אַתָּה, יְיָ אֱלֹהֵינוּ, מֶלֶךְ הָעוֹלָם, אֲשֶׁר בָּחַר־בָּנוּ מִכָּל־הָעַמִּים
וְנָתַן־לָנוּ אֶת־תּוֹרָתוֹ. בָּרוּךְ אַתָּה, יְיָ, נוֹתֵן הַתּוֹרָה.

위 기도문을 읽은 후 낭독자와 회중이 다 함께 아멘이라고 하나님께 감사의 말을 합니다. 그다음 낭독자인 여러분이 토라를 낭독하기 시작합니다. 여러분이 읽어야 하는 부분까지 다 읽으면, 다음 기도문을 읽어야 합니다.

בָּרוּךְ אַתָּה, יְיָ אֱלֹהֵינוּ, מֶלֶךְ הָעוֹלָם, אֲשֶׁר נָתַן לָנוּ תּוֹרַת אֱמֶת
וְחַיֵּי עוֹלָם נָטַע בְּתוֹכֵנוּ. בָּרוּךְ אַתָּה, יְיָ, נוֹתֵן הַתּוֹרָה.

이 축복 문을 읽으며 여러분은 다시 한 번 우리에게 토라를 주신 하나님께 감사를 드립니다. 그러나 이 두 번째 기도문에는 토라를 낭독하기 전에 읽은 첫 번째 기도문과는 다른 점이 있습니다. 바로 이 기도문에는 토라가 우리에게 진리를 가르쳐 준다는 사실과 하나님께서 우리 속에 영원한 생명을 심어 주셨다는 내용이 포함되어 있습니다.

이 기도문의 의미 가운데 하나는 바로 토라가 가르쳐 주는 진리를 우리가 받아들임 으로서 유대 민족이 살아갈 수 있다는 것입니다. 여러분은 이 기도문을 읽으면서 이 기도문에 담긴 또 다른 의미를 여러분 스스로 찾아 보시기 바랍니다.

이 기도문까지 읽으면 여러분은 알리야로 서의 역할이 끝납니다. 그렇다고 해서 바로 자리로 돌아가서는 안 됩니다. 여러분이 토라를 떠나고 싶지 않다는 마음을 보여 주어야 하기 때문입니다. 따라서 여러분 다음으로 알리야로 부름을 받을 사람이 비마에 올라올 때까지, 그 자리에 계속 서 있어야 합니다.

다음 사람이 올라오면, 여러분은 한걸음 옆으로 물러서고, 다음 알리야로 부름 받은 사람이 일어나 비마로 올라와 토라를 낭독하게 됩니다. 여러분을 이어 토라를 낭독한 사람도 자신의 차례를 끝내면, 비마에서 여러분은 회중을 향해 손을 흔듭니다. 그 때 회중들은 여러분을 향하여 말합니다. "굳건하게 자랄 지어다"(יִישַׁר כֹּחַ)라며 여러분을 축하해줄 것입니다. 여러분이 자리로 돌아가면, 회중들은 여러분과 악수하며 조금 전에 했던 말과 같은 말로 축하해 줍니다.

어떤 사람들은 자기 자리로 금방 돌아가지 않으며, 토라를 뒤에 남겨두는 것을 아쉬워 한다는 마음을 보여 주기도 합니다.

여자 어린이의 바트 미쯔바 의식은 알리야를 받는 특별한 날입니다.

ⓘ 한 번 더 생각해 봅시다

1. 다음의 문장들의 의미는 무엇인가요?

   (a) תּוֹרַת אֱמֶת

   (b) חַיֵּי עוֹלָם נָטַע בְּתוֹכֵנוּ

   (c) יִישַׁר כֹּחַ

2. 알리야로서의 역할을 끝내고 바로 자리에 돌아가지 않는 이유는 무엇인가요?

특별한 알리야

모든 알리야는 명예로운 것입니다. 그러나 여러분이 살아가며 특별한 날, 특별한 해, 또는 중요한 일이 있을 때에는 특별한 알리야로 부름을 받을 수 있습니다. 다음에 나오는 특별한 알리야에 대해 읽은 후 아래 질문에 답해 보세요.

축일이나 특별한 날에 받는 특별한 알리야는 어떤 것이 있을까요?

특별한 날, 특별한 알리야

모든 회당에서는 매년 매주 공적으로 알리야가 토라를 낭독합니다. 매년 가을, 심하트 토라(초막절 8째날)에 모든 회당에서 토라의 마지막 부분을 읽은 다음 즉시 토라의 첫 부분을 낭독합니다.

심하트 토라는 일년 가운데 특별한 날이며 아주 기쁜 날입니다. 바로 이 날 바르 미쯔바, 바트 미쯔바 의식을 할 나이가 되지 않은 아이들이 알리야를 받는 특별한 날이기 때문입니다. 성인식을 하기 전인 어린이들이, 이 날 엘리야로 부름을 받을 수 있는 특별한 날, 일 년에 단 하루뿐인 날이기 때문입니다.

이 아이들은 알리야로 부름 받지 못했지만, 유대교 공동체에서는 전통(민하그)을 따라 이 날, 모든 아이들에게 알리야로 부름 받는 기회를 줍니다. 이 때 어른들은 어린이들이 토라를 낭독하기 전후에 아이들을 이끌고 비마로 데려갑니다.

또 다른 특별한 알리야가 있습니다. 누군가 결혼을 하거나 아이를 낳는 등 특별한 날이 있을 때에도 그 날을 기념하여 알리야로 부름 받게 됩니다. 미드라쉬에 따르면, 솔로몬 왕이 첫 번째 성전을 지을 때, 결혼을 앞

회당에서 신명기의 마지막 부분 낭독이 끝나고, 바로 창세기 첫 장으로 돌아가는 절기를 심하트 토라라고 합니다. 이 때 회당에서 아이들은 특별한 역할을 하게 됩니다.

둔 신랑만이 들어갈 수 있는 입구를 따로 만들었다고 합니다. 젊은 남자가 그 문을 통해 성전으로 들어가면, 사람들이 그 남자를 축하해 주었습니다. 성전이 파괴된 후에는 신랑에게 결혼 전 안식일 날, 알리야로 불러 주는 전통이 대중화 되었습니다. 회당에서 신랑이 알리야로서 역할을 마치고 그의 자리로 돌아오면, 신랑에게 땅콩이나 건포도, 사탕 등을 주는 전통도 있습니다. 신랑이 달콤하고도 풍요로운 결혼 생활을 하기를 바라는 것입니다.

아이가 태어나면 그 부모에게도 알리야로 부름 받는 기회가 주어지는데, 이렇게 함으로서 결혼 생활이 더 풍요로워 지기를 기원합니다.

안식일에 여러분이 바르 미쯔바, 혹은 바트 미쯔바 의식을 치르게 되면 여러분은 여러분의 부모님과 함께 알리야로 부름을 받게 됩니다. 이 때 부름 받은 알리야는 '마프티르(מפטיר) 알리야'라고 부릅니다. '마프티르'는 '하프타라'라는 단어에서 파생 된 단어입니다. 하프타라가 '결론'을 뜻하는 말인 것처럼, '마프티르'는 '끝맺는 자'라는 의미를 가지고 있습니다. 하프타라 전체와 토라의 마지막 구절을 읽어 예배를 끝맺는 역할을 맡기 때문에 붙여진 이름입니다. 회중들은 이들을 향하여 축복합니다.

마프티르 알리야를 받는 여러분, 굳건하게 자랄 지어다!(יישר כח)

❶ 한 번 더 생각해 봅시다

1. 바르 미쯔바와 바트 미쯔바 의식을 거치지 않은 아이들이 알리야로 부름 받는 날은 언제인가요?

2. 바르 미쯔바와 바트 미쯔바 의식 때에 마지막 알리야(마프티르 알리야)를 받는 이유는 무엇일까요?

제14장

עֲשֶׂרֶת הַדִּבְּרוֹת

ASERET HADIBROT

아세레트 하디브로트(십계명)

'아세레트 하디브로트(십계명)'란 히브리어로 '열 말씀들'이라는 의미입니다. 일반적으로 '십계명'이라고 알려진 말씀을 히브리어로 부르는 말입니다. '아세레트'는 히브리어로 숫자 10을 의미하는 단어에서 온 말이며, '디브로트'는 '말씀들'을 뜻하는 말입니다.

'아세레트 하디브로트(십계명)'는 유대교 전통에서 가장 중요한 기본적인 원리들을 담고 있습니다.

아세레트 하디브로트(십계명) 돌 판과 다윗의 별, 세페르 토라 이 세 가지는 유대인들에게 아주 친숙한 것으로 유대교의 상징입니다.

유대인 화가들은 아세레트 하디브로트(십계명) 돌판을 그릴 때엔 매우 다채로운 색깔을 사용해 왔습니다. 왼쪽에 보이는 그림은 한 화가가 천 위에 아세레트 하디브로트(십계명)의 숫자를 뜻하는 히브리어 알파벳인 알레프(א, 하나)부터 요드(י, 열)까지 그린 것입니다. 90페이지를 보시면 아세레트 하디브로트(십계명)를 다른 방식으로 그린 그림을 볼 수 있습니다.

유대인들은 자녀들에게 즐겨 말하며 자주하는 질문이 있습니다.

우리 조상 때부터 내려온, 유대교의 유산, 유대교와 유대인을 나타내는 상징물에 대해서 한 번 생각해 보세요. 무엇이 가장 먼저 떠오르나요?

자녀들은 대답할 것입니다.

"다윗의 별, 세페르 토라, 그리고 아세레트 하디브로트(십계명)가 새겨진 두 돌판이 제일 먼저 떠올라요."

본 장에서는 우리는 먼저 아세레트 하디브로트(십계명) 가운데 첫 번째 말씀과 네 번째 말씀이 다른 말씀들과 다른 점에 대해서 공부하려고 합니다. 그리고 두 번째 단락에서는 하나님을 경외하는 것처럼 네 부모를 공경하라는 다섯 번째 말씀을 유대교에서는 어떻게 받아들이는 지를 배울 것이며, 마지막 단락에서는 마지막 다섯 계명이 어떻게 이웃과 관련되어 있는지를 배우려 합니다.

⭐ 우리가 새롭게 배우게 될 교훈

1. 첫 번째 말씀(계명)은 우리에게 자유를 가르쳐 주고, 네 번째 말씀(계명)은 특별한 의식을 다루고 있습니다.
2. 부모님을 공경하는 말씀(계명)은 하나님을 공경하는 것만큼이나 중요합니다.
3. 탐욕은 다른 사람을 향한 거짓말로 이어지며 도둑질은 다른 사람을 가난으로 인도하며 다른 사람의 남편이나 아내를 빼앗는 것은 살인으로 까지 이어집니다.

자유와 기쁨

랍비들과 토라학자들은 아세레트 하디브로트(십계명)를 다양한 시각에서 연구하는 것을 통하여 오랫동안 흥미를 가져왔습니다. 이 많은 시각들 중 가장 일반적인 것을 꼽자면 첫 번째 말씀(계명)을 계명으로 보지 않는다는 것입니다. 또 다른 시각에서는 네 번째 말씀(계명)이 특별한 의식을 다루는 유일한 말씀(계명)이라 합니다.

첫 번째 말씀(계명)과 네 번째 말씀(계명)에 대하여 말하는 아래 이야기를 읽고, 다음 질문에 답해 보세요.

(a) 첫 번째 계명이 우리에게 계명이 되는 이유는 무엇인가요?
(b) 하나님의 계명을 통해 우리는 하나님의 말씀을 순종하는 첫 번째 단계로 안식일을 기억하고 다른 날과 다르게 구별하나요?

하나님께서 이스라엘 백성들에게 자유를 주시다

아세레트 하디브로트(십계명)의 모든 말씀은 유대인 모두에게 해야 할 것과 하지 말아야 할 것을 알려주고 있습니다. 그러나 첫 번째 계명만은 예외입니다.

"나는 너희를 이집트 땅, 노예가 되었던 집에서 나오게 한 주 너의 하나님이다."

계명이란 무엇일까요? 계명이란 바로 자유하게 만드는 것입니다. 하나님께서는 첫 번째 계명에서 자신을 우주를 만드신 분이라고 말씀하지 않으셨습니다. 사실 하나님은 우주를 만드신 분이심에도 불구하고 말입니다. 그보다 먼저 하나님께서는 아세레트 하디브로트(십계명)에서 자신을

'자유의 하나님'이라고 말씀 하셨습니다.

우리는 그분을 따라 다른 사람들을 위한 자유를 실천하는 삶을 살아야 합니다. 유대 민족도 과거에는 노예로서, 유대인을 압제하던 사람들을 위해 일했던 사람들이기 때문입니다.

토라는 하나님께서 직접 아세레트 하디브로트(십계명)를 돌판에 새기셨다고 말하고 있습니다. '새기다'라는 말은 히브리어로는 ㅎ카루트(חָרוּת)입니다. 이 단어의 모음을 바꾸어 ㅎ케이루트(חֵרוּת)로 읽으면 '자유'라는 뜻이 됩니다. 하나님께서 아세레트 하디브로트(십계명)을 새기셨다는 토라의 말씀은 '자유가 돌 판에 있다'고 읽을 수도 있는 말입니다.

안식일의 기쁨

다른 나머지 계명들은 일반적인 도덕에 관하여 가르치고 있는 것처럼 보이는 반면, 아세레트 하디브로트(십계명)에서 '안식일을 기억하여 구별되게 하라'는 네 번째 계명만이 우리에게 특정한 순종의 모습을 가르쳐주고 있습니다.

유대인들은 모든 계명을 기쁨으로 순종하지만, 특히 안식일을 기억하여 구별하는 것은 다른 모든 계명들보다도 가장 기쁘게 순종하고 있습니다. 이 사실은 유대인들에게 많은 유대교의 가치와 그들의 행동을 기억하게 합니다.

전통을 따르는 유대인들은 안식일이 어서 오기만을 기다리며, 안식일을 기억하여 구별하라는 계명에 순종하는 것을 매우 멋진 일로 기억하기 위하여 '안식일'을 '신부', 혹은 '여왕'으로 까지 높이기도 합니다.

오늘날 예루살렘을 여행하는 많은 여행객들은 경건한 유대인들이 일요일 아침에 한숨을 내쉬며 "후, 이제 6일 남았다."라고 말하는 것을 들었다는 이야기를 자주 하곤 합니다.

아가다에는 랍비 여호수아 벤 하나냐에 대한 일화를 담고 있습니다. 금요일 밤, 랍비 여호수아가 황제를 초대하여 안식일 음식을 나누었습니다. 음식을 떠서 입에 물기 전, 황제는 랍비에게 맛없는 안식일 음식에 뿌릴 향신료를 달라고 부탁했습니다. 그러자 랍비 여호수아가 황제에게 말했습니다.

"안식일 음식의 맛은 안식일 그 자체입니다. 아름다운 맛과 향은 우리가 안식일을 준비하고 순종하는 기쁨으로 부터 오는 것입니다. 이만큼 좋은 향신료는 제게 없군요. 하지만 황제께서 안식일을 지키신다면, 황제께서도 그 맛을 찾으실 수 있으실 것입니다."

하브달라(Havdalah) 예식을 치르는 것은 안식일을 기억하고 구별하라는 네 번째 계명에 순종하는 방법입니다. 위에 보이는 세 개의 하브달라 향료함 중 가장 특이한 것은 오른쪽 아래에 있는 새 모양의 함입니다. 이 함은 19세기 러시아에서 은과 보석으로 만든 것입니다.

⚠ 한 번 더 생각해 봅시다
1. 첫 번째 계명은 어떻게 자유의 귀중함을 우리에게 알려주나요?
2. 네 번째 계명을 더욱 풍성하게 순종하기 위해 유대인들이 그들의 집에서 지키는 세 가지를 생각해 보세요.

네 부모를 공경하라

우리가 읽는 성경과 기도문에서 하나님을 "우리 아버지"로 부르는 것을 자주 보았을 것입니다. 하지만 여러분은 유대교 전통에서 하나님을 경외하는 것과 똑 같이 부모님을 공경하는 것 또한 중요하게 여긴다는 것을 들어보셨나요? 다음을 읽고 아래 질문에 답해 보세요.

'네 아버지와 어머니를 공경하라'는 다섯 번째 계명은 '하나님의 이름을 망령되이 말하지 말라'는 세 번째 계명과 어떤 관계가 있나요?

하나님과 부모님을 공경하라

부모님을 공경하는 것과 하나님을 경외하는 방법을 알아보면, 중요한 것은 값비싼 선물을 드리는 데에 있는 게 아닙니다. 오히려 하나님과 부모님께 친절을 보여 드리는 것이 더욱 중요한 것입니다. 탈무드에는 이 교훈을 확실하게 가르치기 위하여 들려주는 두 아들의 이야기가 나옵니다.

한 아들은 아버지께 비싸고 좋은 음식을 드렸음에도 하나님께서 기뻐하지 않으셨고, 다른 아들은 아버지를 밖에 나가 일하게 했음에도 하나님께서 기뻐하셨다고 합니다.

첫째 아들은 큰 부자였습니다. 자기 종들을 시켜 아버지에게 통통하게 살이 오른 닭 요리와 포도주를 드렸습니다. 그러나 아버지가 첫째 아들과 식사를 즐기면서 대화하려고 할 때면, 아들은 이렇게 대답하곤 했습니다.

"조용히 좀 하세요. 먹을 땐 개도 안 건드립디다."

이 아들은 부모님을 대하는 너그러움과 공경의 진정한 의미를 몰랐다는 것은 누구나 알 수 있을 것입니다.

둘째 아들은 가난했습니다. 이 아들을 부양하기 위해 아버지는 늙은 몸을 이끌고 방앗간에서 곡물을 갈아야 했습니다.

어느 날, 로마 군인이 아버지와 아들에게 찾아와, 둘 중 한 명이 방앗간 대신 로마 정부의 공사에 나가 일하라고 명령하였습니다. 그러자 둘째 아들이 이렇게 말했습니다.

"아버지, 방앗간에서 일 좀 하고 계세요. 노역을 하러 가면, 군인들이 채찍을 들 거예요. 아버지가 고통 받는 것 보다는 제가 군인들을 따라가는 것이 더 나아요."

친절은 값비싼 선물보다 더 의미가 있는 것입니다. 하나님을 섬길 때에도 이와 같습니다. 선지자들이 끊임없이 말하는 것과 같이, 하나님께 아무리 많은 번제를 드리고 바치더라도 선행이 없이는 하나님을 기쁘시게 할 수 없습니다.

예레미야 선지자가 전한 하나님의 말씀은 다음과 같습니다.

"스바에서 들여오는 향과 먼 땅에서 가져 오는 향료가, 나에게 무슨 소용이 있느냐? 너희가 바치는 온갖 번제물도 싫고, 온갖 희생제물도 마음에 들지 않는다."

ⓘ 한 번 더 생각해 봅시다
1. 좋은 닭 요리와 포도주를 아버지께 드린 첫째 아들을 하나님께서 마음에 들어 하지 않으신 이유는 무엇인가요?
2. 예레미야 선지자 시대에, 하나님께서 번제물과 희생제물을 기쁘게 받지 않으신 이유는 무엇인가요?

마지막 다섯 계명

마지막 다섯 계명은 이웃에 대한 태도만을 다루고 있습니다. 그러나 모든 사람들이 하나님의 자녀임을 생각해볼 때, 마지막 다섯 계명을 어기는 것은 곧 하나님에 대한 죄로 볼 수도 있다는 것을 우리는 쉽게 알 수 있습니다.

아세레트 하디브로트(십계명)의 마지막 다섯 계명에 대한 다음의 글을 읽고, 아래 질문에 답해보세요.

열 번째 계명을 어기면 나머지 계명 모두 어기게 되는 이유는 무엇인가요? 탐욕은 더 큰 죄로 이어집니다. 먼저, 마지막 다섯 계명이 어떤 것인지

찾아 봅시다

랍비 여호수아와 안식일 향신료에 대한 이야기는 탈무드(Sabbat 119a)에서 읽을 수 있습니다. 탐욕스러운 왕 아합과 그의 악한 아내 이세벨의 이야기는 열왕기상 21:1–24에서 읽을 수 있습니다.

살펴봅시다. '살인하지 말라', '다른 사람의 남편이나 아내를 취하지 말라', '도둑질하지 말라', '거짓말을 하지 말라', '남의 것을 탐내지 말라'.

무엇이든지 탐낸다는 말은 다른 사람의 것을 너무나 가지고 싶어 한다는 뜻입니다. 불행한 일이지만, 다른 사람의 것을 탐내면 다른 계명들도 어기게 될 수 있습니다.

아합 왕의 궁전 오른쪽에는 나봇이라는 사람의 아름다운 포도원이 있었습니다. 아합 왕은 그 포도원이 탐이 나서 그것의 주인인 나봇에게 찾아가 그 포도원을 자기가 살 수 없는지 물었습니다. 더 좋은 것으로 바꿀 수도 있다고 제안 하기까지 했습니다. 그러나 나봇은 조상 때부터 물려받은 포도원을 포기할 수 없다며 거절하였습니다.

아합의 아내인 왕비 이세벨은 왕이 그 일로 우울해 하는 것을 보고는, 왕이 탐내는 포도원을 빼앗을 계략을 꾸몄습니다. 두 명의 사람을 불러 나봇에 대하여 거짓 소문을 내도록 하라고 명령하였습니다. 그 내용은 '나봇이 하나님과 왕을 저주했다'는 거짓말 이었습니다. 결국 그들의 거짓말로 인해 나봇은 처형당하게 되었습니다. 그제야 아합은 나봇의 포도원을 자기의 것으로 빼앗을 수 있었습니다.

자신이 빼앗은 그 포도원에서, 아합 왕은 엘리야 선지자를 만나게 되었습니다. 엘리야는 아합에게 하나님의 메시지를 전달해 주었습니다.

"네가 사람을 죽이고 그 소유를 빼앗기까지 한 것이냐?"

하나님께서는 아합의 탐욕이 거짓말과 살인, 도둑질까지 이어진 것을 보셨던 것입니다.

다윗 왕의 탐욕도 다른 죄들로 이어진 것을 우리는 너무나 잘 알고 있습니다.

어느 날 저녁, 다윗은 궁전 옥상에 올라가 거닐다가 밧세바 라는 아름다운 여인이 목욕하는 것을 보게 되었습니다. 다윗은 우리야의 아내를 합법적인 방법으로 취하기 위하여 그녀의 남편 우리야를 치열한 전투가 벌어지는 곳으로 내 보내어 적군의 손에 죽임을 당하게 만들었습니다. 우리야가 전장에서 쓰러지자 다윗은 밧세바를 자신의 아내로 삼았습니다.

선지자 나단이 다윗 왕의 양심을 일깨워 주었다는 것을 우리는 잘 알고 있습니다. 나단은 다윗 왕에게 양치기 이야기를 들려주었습니다. 많은 양을 가지고 있던 양치기가, 단 한 마리의 양만 가지고 있던 양치기의 양을 탐내어, 그 양을 빼앗은 이야기였습니다.

나단 선지자의 이야기를 통해 다윗은 탐욕과 살인, 다른 사람의 아내를 빼앗은 다윗의 죄를 하나님께서 얼마나 미워하시는 지를 알게 되었습니다.

아름다운 여인 밧세바를 탐한 다윗 왕의 죄는 살인과 다른 사람의 아내를 빼앗는 죄로 이어졌습니다. 먼저 우리가 생각하여야 할 것은. 밧세바는 우리야라는 남편이 있었다는 것입니다.

> ⚠️ **한 번 더 생각해 봅시다**
>
> 1. 아합 왕과 나봇의 포도원 이야기에서, 아합은 어떤 계명을 어겼나요? 다윗과 우리야의 이야기에서 다윗은 어떤 계명을 어겼나요?
> 2. 한 마리의 양만을 가지고 있던 사람에게서 양을 빼앗은, 많은 양을 거느리고 있던 사람과 다윗의 공통점은 무엇일까요?

160 유대인이 자녀들에게 들려주는 토라 이야기

아세레트 하디브로트(십계명)

하나, 나는 너희를 이집트 땅에서 인도하여 낸, 유일한 나는 너희 하나님이다.

둘, 너희는 내 앞에서 다른 신들을 만들어 섬기거나 그것들에게 기도하지 말라.

셋, 하나님의 이름을 함부로 부르지 말라.

넷, 안식일을 기억하고 구별되게 하라.

다섯, 네 아버지와 어머니를 공경하라.

여섯, 살인하지 말라.

일곱, 다른 이의 남편이나 아내를 빼앗지 말라.

여덟, 도둑질하지 말라.

아홉, 거짓말하지 말라.

열, 남의 것을 탐내지 말라.

제15장

פָּרָשַׁת הַשָׁבוּעַ

Parashat Hashavua

파라샤트 하샤브아

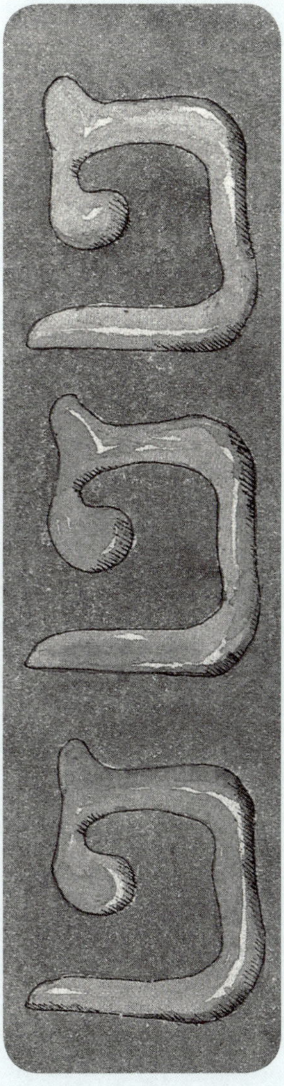

파라샤트 하사브아는 토라를 매주 읽을 수 있도록 나누어 놓은 단락을 말합니다.

후마쉬(오경; 토라)는 54부분으로 나뉘어져 있는데, 매주 안식일과 특별한 축제일 예배에서 한 단락씩 토라를 읽으면 일 년 동안 토라 전체를 한 번 읽을 수 있게 됩니다.

'파라샤트'는 히브리어로 '일부분'을 뜻하며, '샤브아'는 '일주일'을 뜻하는 말입니다.

후마쉬에 히브리어 알파벳 페이(פ)가 세 개 나란히 나오는 것을 볼 수 있습니다. 이는 이제부터 새로운 파라샤트 하샤브아가 시작 되었음을 의미합니다.

이스라엘 회당에서 성인식을 거행할 경우 랍비는 그 예식을 언제 어디에서 할지 결정한다. 특별히 세프라 딕 관습에서는 그 예식을 위하여 토라 두루 마리 케이스를 장식하기도 합니다.

이런 이야기를 들어보셨나요?
유대인들은 보통 심하트 토라부터 시작해서 일 년을 주기로 토라 전 권을 다 읽지만, 어떤 공동체에서는 3년에 걸쳐 토라를 읽는다고 합니다. 이를 3년 주기법(Triennial cycle)이라고 부른답니다.
유대인들이 매주 마다 읽는 토라를 세 부분으로 다시 나누어 읽는데, 그렇게 되면 매년 1/3의 파라샤트 하샤브아를 낭독하게 되는 것입니다.

매년 마지막으로 읽는 토라 부분인 파라샤트 하샤브아는 버조트 하버라ㅋ하(וְזֹאת הַבְּרָכָה)인데, 모세가 죽음을 앞두고 이스라엘 백성들을 축복하는 내용입니다.

심하트 토라 때에 유대인은 이 부분을 읽은 후 바로 토라의 첫 번째 파라샤트 하샤브아인 버레이쉬트(בְּרֵאשִׁית)를 읽습니다. 그 다음 주 안식일부터는 파라샤트 하샤브아를 매주 읽어나갑니다.

후마쉬(오경)에는 각 부분의 이름 앞에 히브리어 알파벳 페이(פ)가 세 번 나옵니다. 이 세 개의 페이는 새로운 파라샤트 하샤브아가 시작된다는 것을 알려주는 기능을 합니다.

전통을 고수하는 회당에서는 안식일 아침, 그 주에 읽어야 할 토라 파트를 읽은 후. 그 날 저녁 예배 때에 다음 주에 읽어야 할 부분을 열 구절 정도 미리 읽습니다. 그 주 월요일과 목요일 아침 예배 때에는 같은 구절을 한 번 더 읽습니다. 다시 안식일 아침이 다가오면, 그 날에는 토라 부분 전체를 모두 읽습니다.

공 예배에서 일주일에 3일간 토라를 낭독하는 것은 그 역사가 매우 오래 되었습니다. 본 장에서는 왜 모세가 최소 3일은 토라를 공적인 예배에서 낭독해야 한다고 생각하게 되었는지를 알려주는 이야기(아가다)에 대해서 공부할 것입니다. 더 나아가 소페르(성경 기록가)였던 에스라가 어떻게 유대교에 이 관습을 정착시키게 되었는지에 대해서도 공부할 것입니다.

⭐ **우리가 새롭게 배우게 될 교훈**
1. 토라는 물에 비유되곤 합니다.
2. 소페르 에스라는 정기적으로, 공적으로 토라를 낭독하는 관습을 정착시킨 사람이다.

물의 비유

미드라쉬는 종종 토라를 물에 비유하곤 합니다. 물이 이 땅 어디에나 있듯이, 토라도 그러하다는 것입니다. 물이 삶을 위해 반드시 필요한 필수품인 것처럼, 토라도 유대인의 삶에 없어서는 안될 필수품이라는 것입니다.

물이 사람을 되살리듯이, 토라도 그러하다는 것입니다. 물이 사람을 씻겨내듯이, 토라도 그러하다는 것입니다. 이처럼 토라와 물의 비유는 유대교 회당에서, 토라를 매주 월요일, 목요일, 토요일마다 공적인 자리에서 왜 토라를 낭독하는 지 이해할 수 있도록 도와줍니다.

다음 이야기를 읽고 아래 질문에 답해보세요.

아래 이야기(아가다)에서는 월요일, 목요일, 토요일에 토라를 읽는 이유를 어떻게 설명하고 있나요?

월요일, 목요일, 토요일에 읽는 토라

후마쉬에 나오는 한 이야기는 이스라엘 백성들이 이집트에서 탈출한 직후, 이스라엘 자녀들이 물 없이 3일간을 떠돌아다녔다고 전하고 있습니다. 하나님께서 물을 주시기 전까지, 백성들은 하나님께 불평하고 다투었습니다.

아가다에 따르면, 모세는 시내 산에서 토라의 가르침을 배우면서 사람에게 물질적인 것이 필요할 뿐만 아니라 영적인 것도 물질적인 것만큼이나 필요하다는 것을 이해하게 되었습니다.

몸의 갈증을 해결하기 위해 물이 필요하듯이, 영적인 갈증을 해결하기 위해 토라가 필요한 것입니다. 물 없는 3일간 사람들이 어떻게 변했는지

이런 이야기를 들어보셨나요?
현대 유대교 학자들은 모세가 주 3회 토라를 낭독하는 관습을 시행한 첫 번째 사람이라는 의견에 반대하고 있습니다. 신명기 31:10-13까지의 후마쉬에는 모세가 7년간 매일 토라를 공적으로 낭독하게 하였다고 분명히 말하고 있습니다! 그러므로 이 이야기는 단순히 흥미로운 전설 정도일지도 모릅니다. 그러나 미드라쉬에 나오는 토라와 물의 비유가 매우 아름다운 이야기라는 것은 그 누구도 부정하지 않습니다.

이런 이야기를 들어보셨나요?

여호수아는 B.C.E. 1200년경에 살았습니다. 그 때는 다윗이 유대인의 왕으로 오르기 2세기 전입니다. 화려한 다윗 왕국은 무너지고 하나님의 도성 예루살렘마저 잃어버렸습니다. 그러나 하나님은 그들을 기억하시고 용서하시고 회복시키셨습니다. 그 때 B.C.E. 5세기에 페르시아 살던 느헤미야는 이방 땅에서 높은 관직에 올라 있었습니다. 그는 페르시아 왕의 허락을 받아 유다 정부를 수립하였습니다. 그리고 영적인 지도자 에스라를 세워 백성들에게 성경을 가르치게 하였습니다. 그러나 에스라가 느헤미야보다 전에 태어났는지 후에 태어났는지는 확실하지 않습니다.

를 기억하며, 모세는 최소한 3일 안에는 토라를 한 번씩 공적으로 낭독하기로 결심했습니다.

물이 없던 이스라엘 백성들이 하나님께 불평을 쏟아내던 일이 다시는 일어나지 않도록, 일주일에 최소 세 번은 토라를 읽게 된 것입니다.

아가다에서는 토라를 왜 월요일, 목요일, 토요일에 낭독하는 지에 대해서도 가르쳐주고 있습니다. 학자들이 주의 깊게 계산해본 결과, 출애굽 후 3개월이 지나 모세가 토라를 받으러 시내산에 올라간 날이 바로 목요일이었다고 합니다.

4일 후, 모세가 토라를 가지고 내려온 날이 월요일이었습니다. 그러므로 월요일과 목요일에 공적인 자리에서 토라를 낭독하는 것이 적절하다고 결정된 것입니다. 토요일은 안식일이므로 당연히 세 번째 토라 낭독일로 적합합니다.

❗ 한 번 더 생각해 봅시다

1. 미드라쉬는 어떻게 토라를 물에 비유하고 있나요?
2. 월요일, 목요일, 토요일에 토라를 읽는 이유를 아가다에서는 어떻게 설명하고 있나요?

에스라와 토라 낭독

첫 번째 성전이 파괴되고 유대인들이 바빌론에 포로로 끌려갔을 때입니다. 외국에 살면서 대부분의 유대인들은 토라를 잊고 말았습니다. 이때 유대 사람들의 마음속에 토라 말씀의 불을 다시 일으킨 한 위대한 지도자가 있었습니다. 그 분이 바로 학사겸 제사장 에스라입니다.

에스라의 일생에 대한 다음의 글을 읽고, 아래 질문에 대답해보세요.

제15장 파라샤트 하샤브아 **167**

매주 토라 낭독을 정착시키면서 에스라가 한 역할은 무엇인가요?

파라샤트 하샤브아를 세운 에스라의 역할

에스라는 제사장이자 소페르(성경 기록가)로서, 그가 사랑하는 유대인들이 다시 한 번 토라의 길을 따르며 살아갈 수 있도록 하는 데에 평생을 바친 인물입니다. 바빌론에서 떠나 다시 예루살렘으로 돌아 가도록 허락한 왕의 명령에 따라 고향으로 돌아 가며, 에스라는 자기보다 먼저 예루살렘으로 돌아갔던 사람들이 토라의 가르침을 거의 모른다는 사실을 알게 되었습니다.

나팔절 첫 날, 에스라는 모든 사람들을 불러 모은 후 그들에게 토라를 읽어 주었습니다. 아침부터 저녁까지 말입니다. 에스라가 읽는 토라 말씀을 들은 이스라엘 사람들의 눈에는 눈물이 흘렀습니다. 그제야 자신들이

에스라는 안식일뿐만 아니라 평일인 월요일과 목요일, 즉 일주일 중 3일간 공적인 자리에서 토라를 낭독하도록 하였습니다.

찾아 봅시다

느헤미야 8:1–18까지는 초막절에 에스라가 사람들에게 토라를 읽어 주고 초막절에 관하여 가르친 것에 대해 비교적 자세히 말해주고 있습니다. 모세가 먼저 태어나지 않았더라면 하나님께서 에스라를 선택하여 토라를 전해주셨을 것이라는 말이 탈무드(Sanhedrin 21b)에 나와 있습니다.

토라의 길에서 얼마나 멀리 떨어져 나와 있는지를 깨달았기 때문입니다. 느헤미야와 같이, 유대인 공동체의 또 다른 지도자였던 에스라는 눈물을 흘리는 사람들에게 이젠 울지 말고 축하 하자고 했습니다.

나팔절 둘째 날에 사람들은 다시 에스라와 함께 토라를 공부하는 자리에 모였습니다. 그 날에는 다함께 초막절에 대해 공부했습니다. 여호수아 시대 이래 처음으로 그 해에 유대인들은 초막(수카)을 짓고 그 안에서 먹고 자며 초막절을 지켰습니다.

에스라는 사람들이 토라를 삶의 기반으로 정착시키려면, 계속해서 토라 말씀을 접하고 기억해야 한다는 사실을 이해하고 있었습니다. 따라서 에스라는 일주일에 세 번 토라를 공적인 자리에서 낭독하도록 하였습니다. 그러나 에스라가 월요일과 목요일을 선택한 이유는 아가다에 나온 모세의 이유와는 달랐습니다.

에스라가 살던 시대에 월요일과 목요일은 장이 서는 장날이었으므로 많은 유대인들이 모이는 날이었습니다.

이제 사람들이 다시 토라의 계명을 지키고 안식일에 일을 하지 않게 되었지만, 에스라는 유대인들에게 안식일의 휴식을 유용하게 사용할 수 있는 기회를 주고자 노력했습니다. 어떤 사람들은 가게를 운영하기 때문에 평일에는 토라 말씀을 들을 수가 없었습니다. 그리하여 에스라는 안식일 오후에도 토라를 낭독하도록 한 것입니다.

더 나아가 토라를 낭독하는 알리야의 수를 정하기도 하였습니다. 안식일 오전에는 일곱 명, 월요일과 목요일, 안식일 오후에는 세 명으로 말입니다.

탈무드에 따르면, 모세가 먼저 태어나지 않았더라면 하나님께서 에스라를 선택하여 토라를 전해주셨을 것이라고 까지 합니다. 사실 모세가 광야에서 이스라엘 백성들에게 토라를 전해준 것과 같이, 에스라는 바빌론에서 떠나 본국으로 귀환한 유대 백성들에게 토라를 다시 회복시켜 주었습니다.

한 번 더 생각해 봅시다

1. 에스라의 시대에 초막절의 축제를 회복하기 까지 얼마나 오랜 시간이 걸렸나요?
2. 에스라가 토라를 낭독하는 날로 월요일, 목요일, 그리고 안식일을 정한 이유는 무엇인가요?
3. 토라 이외에 여러분이 일주일에 세 번씩 읽는 책이나, 평생 읽게 될 책은 또 어떤 것이 있을까요?

토라를 읽을 때 읽는 부분을 가리키는 도구를 야드(yad)라 부르는데, 알리야로 부름을 받은 사람은 야드를 받고 자신이 읽어야 할 부분을 읽은 다음 토라 알리야에게 어디서부터 읽어야 하는지 알려주는 데 쓰입니다. 맨손으로 거룩한 토라를 만지지 않기 위해 야드를 사용하기 시작하였습니다.

제16장

Rashi

라쉬

라쉬는 랍비 슐로모 이츠하키(Rabbi Shlomo Yitzhaki)의 이름을 줄인 것입니다. 라쉬는 토라와 탈무드의 주석을 쓴 아주 유명한 선생님으로, 중세시대였던 1040-1105년까지 살았습니다.

위대한 학자 라쉬는 포도 농장에서 성장하며 포도주를 만들며 살았습니다.

수 세기 동안 라쉬의 후마쉬(오경) 해석은 우리가 토라를 이해하는 데에 많은 영향을 끼쳤습니다.

여러분에게 '토라 공부를 시작 하셨습니까?'라고 누군가 물어본 적 있나요? 아마 모세가 쓴 다섯 권의 책인 모세오경 공부를 시작했냐고 묻는 질문일 것입니다.

수 세기 동안 많은 학생들은 왼쪽에 보이는 것과 같은 모습으로 후마쉬(오경)를 공부했습니다. 페이지의 위쪽에는 성경 본문이, 아래쪽에는 라쉬의 설명이 적혀있는 책으로 말입니다. 라쉬가 남긴 글은 1000여 년 전에 살던 사람이 쓴 글이지만, 그의 토라 주석은 아직까지도 가장 널리 보편적으로 읽혀지고 있는 귀한 주석입니다.

본 장에서는 라쉬의 후마쉬(오경) 주석이 이처럼 널리 퍼지게 된 이유에 대해서 공부할 것입니다. 라쉬가 그의 일생에 남긴 전통을 먼저 배우고, 그 다음으로 노아 이야기에 대한 라쉬의 주석을 조금 들여다볼 것입니다.

⭐ 우리가 새롭게 배우게 될 교훈
1. 유대 역사에서 가장 존경받는 인물 중 하나인 라쉬는 일생에 많은 전통을 남겼습니다.
2. 라쉬의 후마쉬(오경) 주석은 수 세기 동안 유대교 교육에서 중요한 역할을 담당해 왔습니다.

전설 같은 삶을 살았던 라쉬

라쉬가 실제로 어떤 삶을 어떻게 살았는지 거의 알려지지 않았습니다. 그는 1040년 경 프랑스 북부에 위치한 트르와(Troyes)라는 도시에서 태어나 1105년 숨을 거두었습니다. 탈무드를 가르치는 데에 삶의 대부분을 보내었으나, 포도를 기르고 포도주를 만드는 일도 함께 하였습니다.

라쉬의 성경 해석과 탈무드 해석은 유대교에 매우 중요한 역할을 하였기 때문에, 그의 명성은 널리 퍼지게 되었고 곧 그의 삶이 많은 이야기의 주제가 되었습니다.

비록 이 이야기들은 실제로 일어난 일들은 아닐 수도 있지만, 이 이야기들은 라쉬가 유대인의 삶에서 얼마나 중요한 역할을 한 인물이 되었는지를 보여주기에는 충분합니다. 아래 이야기를 읽고, 다음 질문에 대답해 보세요.

유명한 전설에 따르면, 라쉬가 태어나기 1년 전에 어떤 일이 일어났는지 알아보고 답을 해보세요.

라쉬와 귀한 보석

먼저, 그토록 유명한 라쉬의 이름은 랍비 슐로모 이츠하키(히브리어로는 רַבִּי שְׁלֹמֹה יִצְחָקִי)의 머리글자를 모아서 만든 두문자어 라는 것을 먼저 알아야 합니다. "이츠하키"는 '이삭의 아들'이라는 뜻입니다.

랍비 이삭은 아이를 낳기 전 매우 값비싼 보석을 하나를 가지고 있었습니다. 이 세상에서 랍비 이삭이 가지고 있던 보석과 비견할 만한 가치의 보석은 단 하나, 바로 황제의 우상의 눈에 박힌 보석 하나 뿐이었습니다.

어느 날, 황제의 눈에 있던 그 보석이 사라졌다는 소식이 들려 왔습니다. 황제는 그 즉시 랍비 이삭에게 사람을 보내어 그가 가진 보석을 사려고 했습니다. 가격은 원하는 만큼 주겠다고 할 정도였습니다. 자기 모습을 본 따 만든 형상으로, 자기가 제일 좋아하는 형상이 망가진 것을 다시 완전하게 만들고 싶었기 때문이었습니다.

그러나 랍비 이삭의 관심사는 황제가 줄 돈도, 자신이 보석을 포기해야 하는지에 대한 것도 아니었습니다. 오히려 보석을 황제에게 넘기면, 곧

언제 그런 일이 일어났나요?

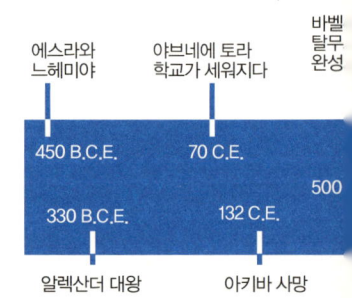

황제의 형상을 섬기는 것과 같다는 사실이 그에게는 제일 큰 걱정이었습니다. 랍비 이삭은 이 위기를 어떻게 넘겼을까요?

랍비 이삭은 보석을 황제의 형상을 완전하게 하는데 쓰이도록 팔지 않은 대가로 더욱 귀중한 '보석'을 받았습니다. 바로 그 보석이 우리가 잘 아는 그의 아들, 라쉬입니다.

황제에게로 가는 배에 탄 그는 배에 타자마자 바로 방안을 생각해 내었습니다. 황제가 보낸 사람들은 이삭과 함께 배에 탔는데, 그들은 갑판에 있었습니다. 이삭 또한 보석을 들고 갑판에 함께 했습니다. 황제의 사람들이 랍비 이삭이 든 보석을 보기 위해, 그의 주위로 모여 들었습니다. 이삭은 그 보석을 숭배하는 사람처럼 보석을 높이 들어 올려 많은 사람들에게 보여주었습니다. 그 후 마치 실수로 그런 것처럼, 그 보석을 바다에 빠뜨렸습니다. 바다에 보석을 빠뜨리자 마자 이삭은 울며 슬퍼했습니다.

"이런 세상에! 아 슬프구나! 내 전 재산을 잃어버리다니. 게다가 이걸 황제께 바치려 했건만! 이걸 바쳤더라면 황제께서 영원히 내게 고마워하셨을 텐데! 이제 내 모든 희망이 이 보석과 함께 바다 속으로 가라앉았구나!"

당연히 황제가 보낸 사람들은 그 광경을 보고 랍비 이삭을 위로해 주었습니다. 이윽고 배가 도착하여 황제의 사자를 만나자, 그 사람들은 '사고'가 났다고 황제의 사자에게 보고하였습니다.

황제는 크게 실망했습니다만, 랍비 이삭에게 아무런 벌도 내리지 않았습니다. 대신 이렇게 말했다고 합니다.

"이 유대인의 불행이 얼마나 큰지 보라. 황금으로 그 보석을 보상받으리라."

그리하여 랍비는 다음 배를 타고 집으로 돌아왔습니다. 돌아오는 길에는 엘리야 선지자 단 한 사람을 만났습니다(실화가 아닌 이야기를 읽고 있다는 걸 기억합시다). 엘리야 선지자가 그에게 말했습니다.

"당신이 하나님을 기쁘시게 하기 위해 일부러 보석을 바다에 떨어트린 것을 하나님께서는 알고 계시오. 그 상으로, 올해 안에 당신의 아내가 아

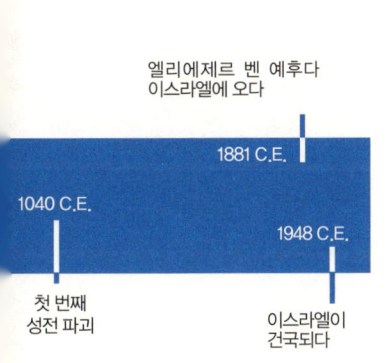

엘리에제르 벤 예후다
이스라엘에 오다

1881 C.E.

1040 C.E.

1948 C.E.

첫 번째
성전 파괴

이스라엘이
건국되다

제16장 라쉬 **175**

들을 잉태할 것이요. 그 아들은 이 세상의 그 어떤 보석보다 더욱 귀한 사람이 될 것이요."

이제 이 이야기의 마지막을 들어 봅시다.

진실로 그 해 말, 라쉬라는 이름으로 더욱 잘 알려진 슐로모가 태어나게 되었습니다. 성경과 탈무드의 주석을 쓴 그 사람과 같은 인물이 세상에 또 없었습니다.

한 번 더 생각해 봅시다

1. 랍비 이삭이 '사고'로 보석을 떨어뜨리고 우는 척 한 것이 옳은 일이라고 생각하나요?
2. 한 인물에 대한 전설이 만들어질 만큼 특별한 사람이 또 누가 있을까요?(실존 인물이든, 신화 속 인물이든)

라쉬와 함께하는 후마쉬 공부

라쉬의 후마쉬(오경) 주석은 시대를 거쳐 매우 중요한 것으로 여겨졌습니다. 사실 라쉬의 책들 중 가장 먼저 히브리어 책으로 출판된 것은 바로 후마쉬가 '없는' 후마쉬 주석이었습니다. 라쉬의 후마쉬 주석에 대한 아래 글을 읽고, 다음 질문에 대답해 보세요.

라쉬의 주석은 어떻게 노아의 홍수 이야기를 이해할 수 있도록 해주나요?

노아의 홍수 이야기에 대한 라쉬의 해석

노아의 홍수에 대한 라쉬의 해석은 라쉬의 기본적인 해석 방법을 따른 것입니다. 라쉬는 후마쉬(오경)에 나오는 단어 하나하나가 매우 신중하게 쓰였다는 것을 보여 주었습니다.

이런 이야기를 들어보셨나요?
라쉬의 후마쉬 주석이 처음으로 출판될 때, 출판인은 스페인 유대인들의 방식으로 사본을 만들었습니다. 나중에야 그 사본이 라쉬의 것이었다는 것이 밝혀졌습니다. 현대에 우리는 이 사본을 '라쉬 사본'이라고 부릅니다.

찾아 봅시다
노아의 홍수 이야기는 창세기 6장부터 9장에 기록되어 있습니다.

그는 자신보다 이전에 살았던 미드라쉬의 랍비들을 인용하여 주석을 쓰곤 하였습니다. 뿐만 아니라 후마쉬로 부터 교훈을 얻기 위해 속세에서의 경험과 상식을 사용하기도 하였습니다.

라쉬는 하나님께서 노아에게 방주를 짓도록 자세하게 그 방법까지 알려주신 이유를 오래 전 아가다를 통해 설명 하였습니다. 하나님께서는 노아가 120년 동안 바쁘게 방주를 짓도록 하셨던 것입니다.

노아 주위에 살던 악한 사람들은 이런 노아를 보며 "뭐 하는 겁니까?"라고 질문하였고, 그 때마다 노아는 "하나님께서 곧 사람들의 악한 일들을 벌하시려 세상에 홍수를 내리실 것입니다"라고 대답하였습니다. 아마 이 말을 듣고 악한 사람들이 죄를 회개하고 나쁜 짓을 저지르지 않기를 하나님께서 바라셨을 것입니다.

라쉬가 후마쉬에서 40일에 걸친 대홍수를 단순히 '비'라고 쓴 이유에 주목했습니다. 라쉬의 설명에 따르면 홍수는 처음에는 잔잔한 비로 시작했습니다.

악한 사람들이 회개하면, 그 비는 하나님의 축복이 되는 것이었습니다. 그러나 하나님께서는 여전히 사람들이 회개하지 않는 것을 보시고, 그 비를 대홍수로 바꾸어 버리셨다는 것입니다.

노아의 홍수 이야기는 노아가 당대의 의인이었다는 설명으로 시작하고 있습니다. 이 설명 다음에는 하나님께서 노아에게 그와 그의 가족들이 노아가 '의인'이기 때문에 구원을 받을 것이라는 말씀을 하십니다. 라쉬는 이에 대해 다음과 같이 설명하고 있습니다.

> "이 하나님의 말씀으로부터 우리가 배울 수 있는 선한 행위는 다음과 같다. 곧 처음에는 칭찬을 해주되, 그가 마땅히 받아야 할 칭찬을 모두 해주지 않는 것이 좋다는 것이다. 만일 그 사람이 당신의 칭찬을 듣지 않으면, 그때 그가 마

땅히 받을 만한 모든 칭찬을 해주는 것이 좋다."

이 해석 또한 라쉬 이전의 미드라쉬를 기초로 한 것입니다. 여러분도 라쉬가 주석을 쓴 방식을 통해 모세 오경을 더욱 깊이 이해할 수 있습니다. 라쉬는 기본적인 유대인의 믿음, 즉 하나님께서는 사람에게 악한 마음을 돌이킬 기회를 주신 후에야 벌을 내리신다는 믿음을 말하고 있습니다.

⚠ 한 번 더 생각해 봅시다

1. 노아의 홍수 이야기에 대한 라쉬의 해석은 회개의 중요성을 어떻게 설명해주고 있나요?
2. 라쉬는 노아의 홍수 이야기 중 어떤 부분에서 선한 행위에 대한 교훈을 찾았나요?

제17장

תּוֹרָה

Torah

토라

지금까지 수세기 동안 전해져 내려오는 유대교의 신앙과 삶, 그리고 전통적인 기록물들은 모두 '토라'를 기본원리로 삼고 있습니다.

'토라'라는 말은 히브리어 단어로 '쏘다'라는 말과 '가르침', '인도', '교훈' 이라는 말에서 온 것입니다. 따라서 토라는 '가르침'을 뜻하거나 '목표를 겨냥하여 나아가다'는 의미를 가집니다.

토라는 "하나님의 사람들이 '세상에서 옳은 길을 따라 살아가는 방법'을 그들에게 가르쳐주는 모든 것"이라고 말 할 수 있습니다.

섬세한 장식으로 꾸며진 토라를 가리키는 포인터(손)입니다.

18세기 독일에서는 토라를 보관하는 토라 케이스를 화려하게 장식하기 시작하였습니다.
히브리어 문자 카프와 타브는 토라의 왕관을 의미하는 히브리어 두 단어 케세프 토라(כֶּתֶר תּוֹרָה)의 머리글자 입니다.

토라란 무엇일까요? 왼쪽 사진에 있는 것처럼, 화려하게 꾸며진 두루마리가 '세페르 토라'라는 것은 여러분도 알고 있습니다. 이 세페르 토라에는 후마쉬(오경)가 들어있습니다(보통 사람들은 '토라'를 후마쉬, 즉 오경을 뜻하는 말로 사용합니다). 안식일 예배에 참석하면 왼쪽 사진과 같은 세페르 토라를 법궤에서 꺼내어, 그 일부를 읽는 모습을 흔히 볼 수 있습니다.

여러분이 어릴 때부터 배우는 성경 말씀들 중, 대부분이 이 세페르 토라에 기록된 말씀에서 나온 것입니다. 유대인이나 기독교인은 모두 토라를 통해 하나님께서 이 세상을 창조하신 것뿐만 아니라 그분께서 어떻게 이 세상에 대홍수를 보내셨는지, 어떻게 유대인들을 이집트 노예 생활에서 구해주셨는지, 어떻게 열 마디 말씀(십계명)을 주셨는지 배울 수 있습니다.

또한 아담과 하와의 이야기, 노아의 이야기와 아브라함, 이삭, 야곱의 이야기, 요셉과 모세의 이야기를 이 토라에서 배울 수 있습니다. 세페르 토라는 천지창조에서 모세가 죽을 때까지의 유대 민족의 역사를 담고 있습니다.

우리에게 잘 알려진 성경 이야기와 영웅들의 이야기는 이 세페르 토라에서는 거의 찾기 어렵습니다. 다윗 왕과 에스더 여왕은 매우 유명한 성경의 인물들이지만, 그 이름은 세페르 토라에서는 찾을 수 없습니다. 유명한 영웅들의 이야기는 선지서와 성문서에서 찾을 수 있습니다. 선지서와 성문서도 토라로 받아 들여 지긴 하나, 세페르 토라에는 포함되지 않았습니다.

그러므로 '토라'는 원래 '세페르 토라'에 담긴 내용을 뜻하나, 성경전체에 담긴 내용을 뜻하기도 한다는 것을 알 수 있습니다.

세대와 세대를 거쳐 유대인들은 서로 다른 시대와 환경을 살아왔습니다. 그 시대와 배경에 맞추어 유대인 랍비 선생님들께서는 성경을 기본으로 할라카를 만들었으며, 유대인들은 성경의 정신을 따라 유대교의 전통을 지켜왔습니다. 그러므로 토라에는 성경을 기본으로 한 할라카와 수많은 전통들이 포함되어 있으나, 성경에서는 그 자세한 내용을 찾을 수 없는 것입니다.

토라의 정의는 아직 완전히 정의되지 않았습니다. "토라"는 '가르침', 또는 '인도'를 뜻합니다. 성경의 이야기들과 법과, 전통은 우리를 인도하고 있습니다. 그러나 동시에 성경에 나온 지혜로운 인물들의 삶을 배움으로써 유대인들은 가르침을 얻을 수 있다 합니다. 토라에는 매우 다양한 삶을 살아온 지혜로운 사람들이 많이 나옵니다.

이 지혜로운 사람들 중 하나는 '토라의 목적은 바로 모든 사람들이 토라가 되는 것이다'라고 말한 바 있습니다. 이 말의 뜻은 성경과 아가다, 할라카, 전통들을 공부함으로써 우리 모두가 올바른 삶으로 인도받을 수 있다는 것입니다. 뿐만 아니라 우리의 삶이 다른 사람들을 올바른 삶으로 인도하는 길이 될 수도 있다는 뜻이기도 합니다.

토라 두루마리를 담는 케이스 모양으로 케이크를 만들어 굽는 것은 토라를 경외하는 특별한 방법과 토라의 맛을 음미하는 방법입니다.

본 장에서 우리는 토라에 관한 몇 가지 이야기들을 읽고 우리에게 주는 교훈을 배워 보고자 합니다.

첫 번째 이야기에서는 유대인들에게 토라를 주신 하나님의 결정에 아이들이 중요한 역할을 했다는 것을 말해줍니다. 두 번째 이야기는 유대인들은 토라 없이는 물 밖에 나온 물고기와 같은 신세라는 것을 가르쳐줍니다. 본 장의 마지막 이야기에서 우리는 토라가 이기적인 목적으로 사용 되어서는 안 된다는 것을 배우게 됩니다.

⭐ 우리가 새롭게 배우게 될 교훈

1. 이스라엘 백성들이 2세들에게 토라를 가르치겠다는 맹세를 하지 않

유대인 성인식은 이제 성인이 되어 미쯔바(계명)를 스스로 지킬 수 있는 의무를 지는 나이가 되었다는 것을 알려주는 예식입니다.

았다면, 하나님께서는 토라를 주지 않으셨을 것입니다.
2. 물고기가 물 밖에서 살 수 없듯이, 유대인들은 토라 없이는 살 수 없습니다.

토라와 아이들

여러분과 여러분의 친구가 건물을 빌려 파티를 연다고 생각해 봅시다. 아마 건물 주인은 여러분의 부모님에게 먼저 임대료를 지불하라고 할 것입니다. 부모님께서 임대료를 내겠다는 약속을 하지 않으신다면, 여러분도 건물을 빌릴 수 없습니다. 아이가 무언가를 얻고자 하면, 먼저 부모님께 달려가는 것이 보통입니다. 그러나 토라를 받을 당시의 이야기로 돌아가 보면, 상황이 완전히 반대가 됩니다.

토라를 받게 된 이야기를 읽은 후 다음 질문에 답해보세요.

이스라엘 백성들에게 토라를 주시기로 한 하나님의 결정에 아이들은 어떤 역할을 하였나요?

어린이: 토라의 보증인

하나님께서 이스라엘 백성들에게 토라를 주시기 직전의 일입니다. 이스라엘 백성들은 토라가 가르치는 삶의 방법을 배우기 원했습니다. 그러자 하나님께서 이렇게 말씀하셨습니다.

"토라를 너희에게 주기 전에, 너희는 너희가 토라의 가르침을 따라 삶을 살아가겠다는 보증인을 세워라."

그러자 이스라엘 백성들이 대답하였습니다.

"우리의 조상 아브라함, 이삭, 야곱이 우리의 보증인이 되게 해주십시오."

그러나 놀랍게도 하나님께서는 백성들의 제안에 만족하지 못해 하시며 말씀하셨습니다.

"너희 조상들은 너희의 보증인이 될 수 없다. 내가 아브라함에게 그의 자손들이 약속의 땅에 들어간다고 말할 때, 그는 이미 내게 빚을 졌다. 이삭은 야곱보다 에서를 더욱 좋아하였고 야곱만이 토라의 길을 따랐다. 그러나 야곱은 내가 자기 문제를 충분히 생각해주지 않는다고 불평하기까지 하였다."

그러자 이스라엘 백성들은 깊이 고민한 후 다시 하나님께 말했습니다.

"우리의 미래의 지도자들과 선지자들이 우리의 보증인이 되게 해주십시오."

이스라엘 백성의 이러한 간절함에도 불구하고 하나님께서는 이스라엘의 제안에 만족해하지 않으시면서 말씀하셨습니다.

"너희들의 지도자들 중 몇몇은 내게 대항할 것이다. 또 어떤 선지자들은 거짓 신들을 섬길 것이다. 너희들에게 토라를 주기 전, 더 나은 보증인을 내게 데려오도록 하여라."

찾아 봅시다

하나님께서 아브라함과 이삭, 야곱을 토라의 보증인으로 세우기를 거부하셨다는 데에 놀라셨나요? 하나님께서 아브라함에 대해 말씀하신 부분은 창세기 15:8입니다. 이삭이 야곱보다 에서를 더 좋아했다는 것은 창세기 27장에 기록되어 있습니다.

마지막으로, 하나님께서 야곱에게 만족하지 못하셨던 이유에 대해 랍비들은 이사야서 40:27을 그 근거로 들고 있습니다.

그러자 이스라엘 백성들 중 한 지혜로운 사람이 다른 백성들에게 말하였습니다.

"하나님께서는 우리에게 가장 귀중한 것인 토라를 주셨습니다. 보증인으로, 우리도 하나님께 우리의 가장 귀중한 것, 우리의 2세를 보증인으로 세웁시다."

그 지혜자의 말을 들은 이스라엘 사람들은 그 말이 뛰어난 지혜에서 나온 것임을 깨달았습니다. 그리하여 그들은 하나님께 나아가 이렇게 말했습니다.

"우리 아이들을 우리의 보증인으로 세우겠습니다. 우리에게 토라를 주시면, 아이들에게 이를 가르칠 것을 약속하겠습니다. 우리 아이들도 자기 자녀들에게 토라를 가르칠 것입니다. 영원히 토라를 기억하는 것입니다. 그리하면 우리 아이들은 우리가 토라의 길을 가르칠 뿐만 아니라 토라를 따르는 삶을 보증할 것입니다."

하나님이 말씀하셨습니다.

"좋다. 그 보증인을 받아들이겠다."

"이제 너희에게 토라를 주노라. 너희가 이 가르침을 따르는 동안에는 내가 너희뿐만 아니라 너희 자녀들에게도 언제나 함께 할 것이다."

🔹 한 번 더 생각해 봅시다

1. 하나님께서 이스라엘 백성들이 제시한 처음 두 보증인을 거절하신 이유는 무엇인가요? 이 두 보증인은 왜 보증인으로 충분하지 않았나요?
2. 하나님께서 아이들을 토라의 보증인으로 받아들이신 이유는 무엇인가요?
3. 이 이야기가 알려주는 어린이의 중요성을 어떻게 알 수 있나요?

유대인의 삶의 기초인 토라

어느 유명한 히브리 시인은 노래했습니다.
"토라가 없는 이스라엘 땅은 영혼이 없는 몸이라."
다음에 나오는 이야기는 이스라엘 사람들이 토라 없이 살 수 없다는 것을 보여줍니다. 토라는 단순히 삶을 살아가는 방식들 중 하나가 아니라, 삶에 필수적인 것입니다. 아래 이야기를 읽고 다음 질문에 답해 보세요.

랍비 아키바는 어떤 동물의 이야기를 통해 토라를 가르치려는 위험을 감수하기까지 하였으며, 왜 그렇게까지 하였는지 그 이유를 설명했을까요?

여우와 물고기 이야기

이 이야기는 랍비 아키바가 살던 시대로 거슬러 올라갑니다. 로마 황제가 이스라엘 땅에 다음과 같은 칙령을 반포했습니다. 바로 유대인들은 자기 종교를 따르지 말라는 명령이었습니다. 더 이상 토라를 공부하거나 가르칠 수 없었으며, 이 칙령을 어길 경우 죽기까지 고통을 당한다고 하였습니다.

이런 이야기를 들어보셨나요?
랍비 아키바는 AD 132년 로마인들에게 체포되기 직전까지 토라를 가르치는 일을 멈추지 않았습니다. 옥에 갇혀서도 면회를 온 사람들과 친한 죄수들에게 토라를 가르칠 정도였습니다. 토라를 향한 그의 신앙은 그가 고문을 당하면서도 변치 않았습니다. 결국 그는 슈마를 그 입에서 놓지 않은 채 죽음을 맞았습니다.

다른 이들과 마찬가지로, 랍비 아키바 또한 토라를 가르치는 것을 중단하지 않았습니다. 한 번은 어떤 사람이 랍비 아키바를 찾아와 그가 가르치는 토라 수업을 가로막으며 이렇게 물었다고 합니다.

"선생님, 이렇게 토라 수업을 계속 하시면 로마인들이 선생님께 어떤 짓을 할 것이라는 것을 잘 알고 계시지 않습니까? 두렵지 않으십니까? 선생님의 목숨을 소중히 생각하신다면, 로마인들이 만든 법을 따르시는 것이 어떻습니까?"

아키바는 이 질문에 직접 대답하지 않았습니다. 대신, 그 사람에게 우화를 한 가지를 말해주었습니다.

옛날 옛적에 한 배고픈 여우가 산에서 내려와 냇가의 둑을 걷고 있었습니다. 여우는 물속에서 자유롭게 헤엄치며 놀고 있는 물고기를 꾀어 물 밖으로 불러내 주린 배를 채워야겠다고 생각 하였습니다. 그래서 물속에 있는 물고기에게 말했습니다.

"여보시오, 물고기 양반! 중요한 소식이 하나 있는데 들어보지 않으시겠소? 내가 방금 숲을 지나오는 길인데, 이 냇가로 오는 사람들을 보았지요. 그들은 그물을 들고 오더군요. 바로 당신들을 잡기 위해서요. 음, 내가 당신들을 도와줄 수 있는데, 내 말을 들어보는 것이 어떻겠소. 당신들이 물에 그런 일이 일어 났을까요? 물고기가 자기 말을 무시하고 유유히 지나가는 것을 보면서 여우가 얼마나 실망 했을까요!

그 때 물속에 있는 물고기가 말을 했습니다.

"여우 양반, 교활한 짓 좀 그만 하시지요!"

"여우 양반, 당신이 정말 불쌍해서 내가 한 마디 해주는 말인데, 우리는 물속에 있는 한 당신의 날렵한 앞발을 피할 수 있지요. 그리고 어부들의 그물도 피할 수 있답니다. 하지만 우리가 우리 집인 물을 떠나는 순간, 우리는 모든 희망을 포기하고 죽기만을 기다려야 하지요."

우화를 다 마친 아키바는 자신에게 질문했던 남자가 어리둥절한 표정을 짓고 있는 것을 보고 이 우화의 뜻을 설명해 주었습니다.

"물고기가 물 밖을 나가서는 살 수 없듯이, 유대인들도 토라 없이는 살 수 없습니다. 지금은 우리가 토라를 공부하면 위험에 처할 지도 모릅니다. 그러나 토라는 우리 삶에서 놓을 수 없는 것입니다. 토라를 배우지 않는다면, 더 이상 우리에게 생명은 없습니다."

ⓘ 한 번 더 생각해 봅시다

1. 토라를 물에 비유한 미드라쉬의 이야기를 기억해 봅시다. 이 이야기에서 토라는 어떤 점에서 물과 같나요?
2. 아키바는 왜 토라 때문에 위험에 처하게 되었나요? 이 이야기를 통해 아키바가 위험을 기꺼이 감수한 이유를 어떻게 알 수 있나요?
3. 오늘날에도 토라를 공부하면 위험에 처하는 유대인이나 다른 나라 사람들이 있나요? 토라 때문에 여러분의 삶이 위험에 처하거나 불편한 적이 있었나요?

제18장
תַּלְמוּד

Talmud

탈무드

탈무드는 할라카와 아가다를 모아놓은 모음집입니다. 탈무드는 크게 두 부분으로 나눕니다. 거룩한 언어인 히브리어로 쓰인 미쉬나 부분과 대부분이 아람어로 기록 된 게마라 부분으로 나눕니다. 그리고 탈무드는 두 가지 종류가 있습니다.

한 가지는 이스라엘 회당의 랍비들의 대화를 담은 예루살렘 탈무드, 즉 팔레스타인 탈무드와 바빌론 회당에서 연구하던 랍비들의 대화를 담은 바빌로니아 탈무드가 있습니다.

탈무드는 훌륭한 교사들이 미쉬나 본문을 가지고 토론한 많은 토론의 내용을 간직하고 있습니다.

이스라엘의 한 어린이가 탈무드를 펴 놓고 깊이 생각하고 있습니다.

성경은 한 권의 책으로 묶어 편집하여 출판하는데 큰 어려움이 없습니다. 현대 인쇄술이 발달 할 수록 더 얇게, 더 간편하게 편집하여 출판하고 있습니다. 그러나 탈무드는 편집하는 사람에 따라 최소 열두 권에서부터 최대 40권에 이르는 볼륨을 가지고 있습니다.

또한 탈무드는 삶의 모든 부분을 다루고 있기 때문에 다양한 주제와 폭 넓은 가르침과 상상할 수 없는 교훈과 지혜를 담고 있기에 백과사전의 한 종류처럼 보입니다.

탈무드는 약 1,500년 전에 책으로 편집되어 완성되었습니다. 그러나 탈무드에 등장하는 교사들의 모습은 오늘날 우리들이 만나는 교사와 크게 다른 점이 없습니다. 탈무드는 교사들의 삶 가운데서 일어난 수많은 사건들과 이야기들이 담겨 있습니다.

우리는 탈무드에 등장하는 위대한 교사들 가운데, 그 시대에 귀한 가르침을 남긴 랍비 두 사람과 관련된 이야기를 읽을 것입니다. 그리고 랍비들의 긴 토론의 과정인 게마라가 어떻게 제 2의 토라인 미쉬나에 포함되었는지에 관한 이야기를 읽게 될 것입니다.

⭐ 우리가 새롭게 배우게 될 교훈

1. 탈무드에는 유대인의 법만 나오는 것이 아니라 탈무드에 등장하는 교사들의 삶 속에서 일어난 흥미진진한 이야기를 통하여 많은 가르침과 교훈을 줍니다.
2. 게마라는 미쉬나가 기록된 다음 세대를 살았던 랍비들이 자신의 입장에서 미쉬나를 읽고 토론하고 설명한 내용을 기록한 것입니다.

탈무드 랍비들이 그들의 삶 속에서 만나는 일상적인 문제들

여러분이 여러분의 친구와 어떤 일을 할 때, 서로서로 의견이 맞지 않아 의견 충돌을 일으키기도 할 것입니다. 그렇디고 그 친구와 헤어지지는 않을 것입니다. 그 일은 그 일이고 친구로서 친하게 지내는 것은 별개일 것입니다. 그러므로 계속하여 친한 친구로 남아 있을 것입니다.

어느 단체나 나라의 지도자들 또한 서로를 존경 하면서도 중요한 문제에 대해서는 의견 차이와 견해의 차이를 가질 수도 있습니다. 아마 탈무드의 랍비들도 그랬을 것입니다.

샴마이는 비유대인의 질문을 거부하였으나, 힐렐은 인내와 지혜로 이방인이 유대교를 믿는 단계까지 이끌었습니다.

이런 이야기를 들어보셨나요?

시므온 벤 라키쉬와 랍비 요하난의 이야기를 읽다보면, 요하난이 어떻게 자기 여동생을 시므온에게 시집 보내겠다는 약속을 그렇게 쉽게, 그리도 빨리 하게 되었는지 궁금할 것입니다. 게다가 요하난의 여동생은 시므온을 만난 적도 없고, 심지어 요하난은 시므온에게 결혼 약속을 하기 전에 자기 여동생에게 의견을 물어 보지도 않았습니다. 아주 먼 옛날에는 아버지나 삼촌, 오빠가 자기 집안의 여성의 결혼을 성사시키는 것이 일반적이었습니다. 랍비들은 이 전통적인 관습을 받아 들였으나, 여성의 동의 없이 결혼 언약을 해서는 안 된다는 규칙을 만들었습니다.

탈무드를 읽어가다 보면 두 랍비가 서로 논쟁을 벌이는 것을 자주 읽을 수 있습니다. 탈무드는 이러한 논쟁을 빠짐없이 기록할 뿐만 아니라, 서로 다른 견해를 내 놓으며 논쟁을 벌인 랍비들이 어떻게 지냈는지에 대해서도 자세하게 알려줍니다.

아래에 나오는 글을 읽고 다음 질문에 여러분 스스로가 답을 적어 보신다면 그들은 왜 이러한 논쟁을 벌였는지 알 것입니다.

(a) 비유대인 남자와 토라에 관한 이야기를 읽으면서 힐렐과 샴마이에 대하여 어떤 것을 배울 수 있는지 기록하여 보십시오.
(b) 랍비 요하난은 어떻게 시므온 벤 라키쉬에게 큰 영향을 주었는지 적어 보십시오.

힐렐은 어떻게 유대교를 전파하였나?

어느 날 유대인이 아닌 이방인이 랍비 샴마이에게 찾아와 유대교에 관하여 질문을 하고, 랍비는 그 질문에 대답한 이야기를 읽어 보십시다. 먼저 랍비를 찾아온 이방인이 랍비에게 말했습니다.

"내가 한 발로 서있는 동안 내게 토라 전체를 가르칠 수 있다면, 나는 유대교를 믿겠습니다."

샴마이는 매우 언짢아하면서 이방인의 말이 끝나자마자 그 이방인을 쫓아내고 말았습니다. 그러자 그 이방인은 힐렐을 찾아갔습니다. 힐렐은 화를 내지도, 그를 쫓아내지도 않았습니다. 힐렐은 그 이방인이 이해할 수 있는 만큼, 아주 낮은 눈높이에서 간단 명료하게 그에게 대답하였습니다.

"당신이 당하기 싫은 일은 당신의 이웃에게도 하지 마십시오."

이 말은 들은 이방인은 유대교를 믿게 되었습니다. 그래서 힐렐은 그에게 유대교와 토라를 배울 수 있도록 기회를 만들어 주었습니다.

힐렐과 샴마이는 미쉬나 시대를 이끌었던 위대한 지도자들입니다. 두 사람 모두 학당을 이끄는 교장선생님이었습니다. 힐렐 학당은 '힐렐의 집'이라는 뜻의 '베이트 힐렐'이라는 이름으로 불리었으며, 샴마이의 학당은 이와 똑같이 '베이트 샴마이'라는 이름으로 불리었습니다.

힐렐과 샴마이, 그리고 힐렐의 제자들과 샴마이의 세자들 간의 토론은 후세대들에게 이상적인 토론의 '롤 모델'로서 '게마라'에 기록되었습니다. 할라카가 서로 자신의 관점을 지지한다고 주장했던 것입니다.

게마라에 따르면, 베이트 샴마이와 베이트 힐렐은 하나의 논제를 가지고 3년을 토론하기도 하였다고 기록하고 있습니다. 미쉬나 시대의 지성인을 인도하던 양대 산맥을 이루고 있는 탈무드 학당은 각자 서로 자신의 입장을 지지하여 준다고 생각하는 할라카를 근거로 논쟁을 하였던 것입니다.

그들이 한창 논쟁에 열을 올리고 있을 때, 하늘에서 신비한 음성이 들려 왔습니다.

"둘 다 살아계신 하나님의 말씀으로 말하고 있구나. 그러나 할라카는 베이트 힐렐의 의에 동의하노라."

랍비들은 베이트 힐렐이나 베이트 샴마이나 둘 다 하나님의 말씀을 말했는데, 왜 할라카는 베이트 힐렐의 주장이 옳다고 말하는지 의문을 제기했습니다. 그러나 그들의 논쟁을 듣고 있던 사람들은 결론을 내렸습니다.

베이트 힐렐의 랍비들이 보여준 공정함과 겸손함으로 인해 이러한 영광을 얻었다.

베이트 힐렐 학파에 속한 랍비들은 자기 학파의 내용뿐만 아니라 베이트 샴마이 학파의 주장도 함께 공부 하였습니다. 더 나아가 그들이 책을 편찬할 때는 상대편(베이트 샴마이 학파)의 주장을 먼저 기록하여 그들의 주장을 존중해주었기 때문입니다.

검투사는 어떻게 학자가 되었나?

시므온 벤 라키쉬는 어렸을 때, 매우 가난하여 학교를 다닐 수 없었습니다. 돈을 벌기 위해 그는 검투사가 되었습니다. 검투사란, 로마인들을 기쁘게 하기 위해 경기장에서 다른 검투사들과 싸우는 사람입니다. 가장 강한 검투사만이 그 경기장에서 살아남을 수 있었습니다.

어느 날, 위대한 학자인 랍비 요하난이 요단강에서 몸을 씻다가 시므온이 물속에 뛰어드는 것을 보았습니다. 그 광경을 본 요하난은 시므온이 매우 강한 사람이라는 것을 단번에 알 수 있었습니다. 그래서 그는 시므온에게 다가가 이렇게 말했습니다.

"당신의 힘을 토라를 공부하는 데에 쓰시길 바랍니다."

그 당시 랍비 요하난은 외모가 출중한 사람으로 알려져 있었습니다. 요하난의 말을 들은 시므온은 그에게 대답했습니다.

"당신의 잘생긴 얼굴을 여인들을 유혹하는 데에 쓰시길 바랍니다."

그의 재치 넘치는 대답에 깊은 인상을 받은 랍비 요하난은 그에게 한 가지 제안을 했습니다.

할라카가 서로 자신의 관점을 지지한다고 주장했던 것입니다.

"돈을 위해 싸우기를 멈추고 토라학당으로 돌아간다면, 내 여동생을 당신에게 시집 보내겠소. 내 여동생도 나처럼 매력이 넘친다오."

결국 시므온 벤 라키쉬는 검투사의 길을 포기하고 토라학당으로 돌아

갔으며, 후에 그 시대에서 가장 중요한 학자들 가운데 훌륭한 인물이 되었습니다.

랍비 요하난이 그의 손위처남, 즉 아내의 오빠였음에도 불구하고 시므온과 요하난은 미쉬나에 대해 토론할 때면, 의견이 서로 다른 경우가 종종 있었습니다. 그러나 요하난은 시므온과의 논쟁이 매우 중요하다고 생각했습니다. 랍비 시므온이 토론에 참석하지 않은 날에, 그는 자신을 스스로 한 손으로 박수치려는 사람과 같다 하였습니다.

이런 이야기를 들어보셨나요?

어떤 사람이 범죄 한 경우 형벌로 죄인의 몸 가운데 어떤 부분을 불구로 만든다는 개념은 매우 오래 전의 일입니다. '눈에는 눈, 이에는 이'라는 표현에 대해 들어 보았을 것입니다. 이 구절은 출애굽기 21:24에 나옵니다. 오늘날 이러한 형벌은 유대교 법에는 더 이상 없습니다만, 어떤 나라에서는 도둑질을 한 사람의 손을 자른다던가, 다른 사람의 남편, 혹은 아내와 간통을 한 사람은 돌로 치는 등, 아직도 이러한 형벌을 죄인들에게 내리기도 합니다.

한 번 더 생각해 봅시다

1. 힐렐은 가지고 있었으나, 샴마이에게는 부족했던 성품은 무엇인가요?
   (a) 인내 (b) 힘 (c) 아름다움
2. 랍비 요하난이 자기 자신을 한 손으로 박수 치려는 사람에 비유한 때는 언제인가요? 그리고 그 이유는 무엇이었나요?
3. 여러분은 서로 의견이 맞지 않아도 즐겁게 토론할 수 있는 친구가 있나요? 서로 즐겁게 토론을 했던 주제는 무엇이었나요?

게마라가 미쉬나에 들어 가기까지

때로 게마라의 랍비들은 미쉬나의 기록들에 매우 친숙했으며 진지했습니다. 역사 속 이야기나 성경의 구절들을 통해 미쉬나의 구절을 토론하고 해석하는 것을 매우 즐거워 하였습니다.

또 다른 때에는 미쉬나에서 나온 주제를 설화나 속담, 혹은 개인적인 생각으로 재구성하여 그 당시 랍비들의 생각을 게마라에 적용하여 기록하였습니다.

다음 내용을 읽고 아래에 있는 두 가지 질문에 대답해 보세요.

(a) 다른 사람을 다치게 한 사람에게 내려진 형벌에 대하여 게마라는 미쉬나에 무엇을 더 첨가하여 설명하였나요?
(b) 게마라에 나오는 이야기 가운데, 황금을 사랑한 알렉산더 대왕에 관한 이야기는 미쉬나의 어떤 주제로부터 나온 것인가요?

눈이 아닌 돈으로

미쉬나에는 다른 사람을 다치게 한 사람에게 내리는 형벌이 기록되어 있습니다. 게마라의 랍비들은 이 형벌을 읽으며 고개를 갸우뚱 거릴 수밖에 없었습니다. 왜냐하면 미쉬나에는 다른 사람을 다치게 한 사람은, 이 것을 돈으로 환산하여 보상하라 하였습니다만, 후마쉬(토라: 오경)에는 '눈

미쉬나와 게마라는 사람이 평생 공부 해야하는 책입니다.

을 다치게 한 사람은 눈으로 갚으라'고 하였기 때문입니다.

게마라의 랍비들은 미쉬나에 나오는 이 형벌 규정을 지지하는 근거를 후마쉬(토라: 오경)에 기록된 두 개의 다른 구절들에 주목하여 설명하였습니다.

첫 번째 구절에서는 사람을 다치게 만든 것과 동물을 다치게 만든 것을 함께 다루고 있습니다. 여기서 한 랍비는 이렇게 말하고 있습니다. 다른 사람의 가축을 다치게 만들었을 때, 자기 몸에 형벌을 받는 것 대신 이를 돈으로 보상한다면, 다른 사람의 몸을 다치게 만들었을 때에도 자기 몸이 형벌을 받는 대신, 이를 돈으로 보상할 수 있다는 것입니다.

두 번째 구절에서는 살인죄는 돈을 내서 그 죄를 '취소할 수 없다'고 말하고 있습니다. 즉 어떤 사람을 다치게 만들어 그 사람이 죽은 경우 그 죄를 취소할 수 없지만, 그 사람이 죽지 않았다면, 이를 돈으로 보상할 수 있다고 해석할 수 있다는 것입니다.

알렉산더 대왕과 다른 사람의 재산

게마라의 랍비들이 미쉬나를 공부하고 있었습니다. 지금 랍비 두 사람이 미쉬나를 읽고 있는데, 그 미쉬나의 주제는 '다른 사람으로 부터 산 물건에서 우연히 다른 물건이 함께 있는 것을 발견했을 때, 어떻게 해야 하는지에 관한 내용'이었습니다. 이 때 랍비들은 다음에 나오는 이야기가 생각났습니다. 그래서 그들은 이 이야기를 게마라에 포함 시켰습니다.

어느 날, 알렉산더 대왕이 그 땅의 관습을 배우러 카츠야 왕(King Katzya)를 찾아왔습니다. 두 왕이 서로 대화를 나누고 있었는데, 두 사람이 그들을 찾아왔습니다. 그 두 사람 가운데 한 사람이 먼저 왕에게 말을 하기 시작했습니다.

"이 사람에게서 땅을 샀는데, 그 땅을 파보니 보물이 나왔습니다. 제가 산 것은 땅이므로, 이 보물은 원 주인인 이 사람에게 돌려주고 싶습니다. 그런데 이 사람이 보물을 가지려 하지 않습니다."

그러자 그 사람과 함께 왔던 다른 사람이 말했습니다.

"제가 그 땅을 팔 때는 그 땅 안에 있는 것들까지 모두 판 것입니다. 따라서 그 보물은 제 것이 아니라 바로 이 사람의 것입니다. 제가 가질 수 없습니다."

카츠야 왕은 첫 번째 말한 사람에게 이렇게 말했습니다.

"이 문제를 해결할 방법이 있도다. 네 아들로 저 남자의 딸과 결혼시켜, 그들에게 그 보물을 주도록 하라."

문제를 가지고 찾아온 두 사람은 문제를 해결하고 너무 행복해하며 즐거워하며 왕궁을 떠나갔습니다. 그 때 알렉산더가 카츠야 왕에게 어떻게 이 문제를 해결할 수 있었는지 물었습니다.

"나였더라면 두 남자를 사형시키고 내가 그 보물들을 가졌을 것이오."

그러자 카츠야 왕이 대답 대신 질문을 하였습니다.

"당신의 나라에도 동물들이 있나요?"

알렉산더 왕이 그렇다고 말하자, 카츠야 왕이 계속하여 말을 이어갔습니다.

"하나님께서 당신이 다스리는 나라에 내려 주신 축복은 모두 동물들을 위한 것입니다. 당신과 같은 사람은 하나님의 축복을 받을 만한 가치가 없습니다."

❗ 한 번 더 생각해 봅시다

1. 탈무드의 랍비들은 율법을 엄격히 지키면서도 그 율법을 그 당시의 사람들에게 알맞게 해석하여 그들이 지킬 수 있도록 수정하여 만들었습니다. 그 예를 들어 보세요.

2. 탈무드에 율법만 적혀 있다고 주장하는 사람이 있다고 생각해 봅시다. 그 사람의 주장이 틀렸다는 것을 여러분은 어떻게 설명할 수 있나요?

제19장

תַּלְמוּד תּוֹרָה

Talmud Torah

탈무드 토라

탈무드 토라는 토라를 공부하고 또 가르치라는 하나님의 말씀입니다. 탈무드의 랍비들은 모든 사람들이 탈무드 토라를 공부하여 그 말씀을 알아야 하고, 그 말씀을 따르는 삶을 살아야 한다고 가르쳤습니다. '탈무드 토라'는 '공부하다', '연구하다'라 뜻을 가진 탈무드(תַּלְמוּד)와 '가르치다', 교훈하다는 의미를 가진 토라(תּוֹרָה)라는 단어의 조합으로 이루어진 구문입니다.

'탈무드 토라' 공부를 시작하는 것은, 꿀을 처음 먹는 것과 같이 달콤함을 느낄 것입니다.

세계 2차 대전 당시 폴란드에 있던 유대인 여학교입니다. 이 때 동유럽에서 남자 아이들과 여자 아이들은 따로 공부하였습니다. 많은 여자 아이들은 학교에 가지 않았다 합니다.

왼쪽에 있는 사진은 세계 2차 대전 당시 동유럽에 있었던 전통적인 유대인 초등학교의 모습을 찍은 사진입니다. 선생님은 여학생들과 함께 책상 앞에 앉아 있습니다.

수 세기 동안, 많은 유대인 부모님들은 자녀들에게 토라를 가르치라는 계명을 지키기 위해 많은 수고를 해왔습니다. 그러나 모든 부모들이 똑같이 자녀들에게 훌륭한 종교 교육을 가르치기 위하여 애쓰고 노력한 것은 아닙니다.

혼자서 토라를 공부하거나, 다른 어른들과 함께 토라를 공부하는 어린이들도 있었습니다. 어린이들과 함께 공부하는 어른들 가운데 너무 바빠서 공부할 시간을 내기 힘들어 하는 분도 있었습니다.

그리고 탈무드에 나오는 위대한 랍비들의 부모님들이 모두 자녀들에게 종교 교육을 한 것도 아니었습니다. 아이들은 성장하면서, 탈무드 토라의 계명, 즉 토라를 배우고 가르치라는 계명을 지켜야 할지 지키지 않아도 될지를 스스로 선택해야 했습니다.

현대나 과거를 막론하고 모든 나라 부모는 자신의 자녀들이 교육을 잘 받기 원하여 좋은 학교를 찾아 다녔습니다. 이 장에서 우리는 유대인 부모는 자녀를 가르치기 위하여 어떻게 노력하였는지 알아보려 합니다. 먼저 이야기들을 읽으면서 유대인 부모가 자녀들에게 배움의 달콤함을 가르치기 위하여 애쓰는 모습을 보려 합니다.

한 이야기는 자녀들에게 탈무드 토라, 즉 토라 공부가 얼마나 즐겁고 달콤한 것인지 가르치기 위하여 들려주는 유대인의 전통적인 이야기입니다. 다른 한 이야기는 탈무드 토라가 중요하다는 것을 믿었던 한 랍비가 어떻게 유대교 교육을 위기에서 구했는지에 대해서 가르쳐 줍니다. 그리고 본 장의 마지막 부분에서는 어른이 되어서 비로소 토라를 공부하기 시작하여 위대한 랍비가 된 훌륭한 선생님에 관하여 공부할 것입니다.

⭐ 우리가 새롭게 배우게 될 교훈

1. 아이가 토라를 공부하도록 인도하는 것은 배움의 달콤함을 가르치는 중요한 일이다.
2. 토라를 배우는 토라 학교가 유대인과 유대인 교육과 유대교를 살렸다.
3. 너무 나이가 많아 토라를 배우기에 늦은 나이는 없다.

배움의 달콤함을 배우는 어린이 토라교실

유대인이나 기독교인 가정에 자라는 아이들은 대부분 어려서부터 토라를 공부합니다. 부모님은 자녀들을 토라 교실에 들어 보내고, 그 시간에 다른 부모와 함께 둘러 앉아 아이들 교육에 관하여 이야기를 나눕니다. 유대인 전통의식 가운데 부모가 오랫동안 지켜온 것이 있습니다.

대부분의 유대인 가정에서 부모는 자녀들이 토라와 히브리교육을 시작하는 어느 날을 정하여 예식을 거행합니다. 전 세계에 흩어져 있는 많은 유대인 공동체에서 다음과 같은 전통을 지키고 있습니다.

아이가 처음으로 교실에 들어오면 선생님이 그 아이의 머리 위에 동전을 떨어뜨리는데, 이는 하늘의 천사들이 이 아이에게 상을 내려주는 것을 의미합니다.

다른 공동체에서는 첫날 첫 번째 시간에 책에 꿀을 바르기도 합니다. 유대인들은 왜 이러한 전통을 지키는지 그 이유를 알아보기 위해 다음 이야기를 읽어보고 다음 질문에 스스로 답을 찾아 적어 보세요.

첫 번째 수업시간에 책에 꿀을 바르는 전통은 어떻게 시작 되었나요?

이 사진은 유스 알리야 프로그램(Youth Aliyah Program)에 소속된 유대교 단체가 운영하는 이스라엘 학교의 수업을 찍은 것입니다.

꿀의 전설

만일 여러분이 시몬 벤 예후다를 만나볼 수 있었다면, 그 위대한 랍비도 '매우 평범한 사람'이었다는 것을 알게 되었을 것입니다. 시몬은 마르지도, 뚱뚱하지도 않았으며, 잘생기지도 못생기지도 않았고, 부유하지도 가난하지도 않았으며, 매우 똑똑하지도 않았으며 그렇다고 무지하지도 않았습니다.

시몬 벤 예후다에게서 뭔가 다른 사람들과 다른 것을 찾기란 매우 어려웠습니다. 그러나 하늘의 천사들은 시몬이 가진, 단 하나의 특별한 점을 이미 알고 있었습니다. 그는 기회가 있을 때마다 선행을 베풀었던 것입니다. 음식물을 팔았던 그는 가난한 사람이 물건을 살 때마다 가장 좋은 과일과 채소를 주었습니다.

그는 다른 사람으로부터 무언가를 바라서 그런 일을 하는 것도 아니었으며, 더욱이 하나님께 무언가를 바라고 그런 선행을 베푸는 것도 아니었습니다.

어느 날, 한 천사가 다 떨어진 넝마를 입고 시몬의 가게에 찾아 왔습니다. 천사가 말을 꺼내기도 전에 시몬은 벌써 자기 가게에서 가장 좋은 사과와 가장 통통한 건포도, 가장 실한 오렌지를 그의 가방에 챙겨 주었습니다.

하늘로 다시 올라온 그 천사는 다른 천사들을 불러 모으고 시몬에게 줄 수 있는 가장 좋은 상이 무엇인지 토론 하였습니다. 그들의 결론은 '시몬에게 그 자신의 아들이 위대한 학자로 자라는 것을 보여주는 것이 최고의 상'이라는 것이었습니다.

마침내 천사들은 세상에서 가장 뛰어난 벌들이, 세상에서 가장 아름다운 꽃에서 가져온, 세상에서 가장 순수한 꿀을 찾기 위하여 세상을 이 잡듯이 뒤졌습니다. 천사들이 찾아낸 벌들이 꽃에서 꿀을 따기 시작하자, 천사들은 그 벌들이 꿀을 다 채취할 때를 기다렸습니다.

어느덧 시간이 흘러, 시몬의 아들이 학교에 갈 나이가 되었습니다. 시몬은 아들을 처음으로 학교에 보냈습니다. 시몬의 아들이 첫 번째 교과서의 첫 면을 펴자, 책에서 풍기는 꽃향기가 그의 온 교실을 가득 채웠습니다. 그 소년은 첫 번째 페이지를 만진 그의 손가락을 입에 가져다 대 보았습니다. 그러자 지금까지 맛보았던 어떤 것들보다 가장 달콤한 맛이 그 책에서 나는 것이 아니겠습니까?

교실을 가득 채운 꿀맛을 찾아내고 기뻐한 아이는 곧 공부를 즐기기 시작했습니다. 첫 날, 첫 번째 공부시간에 그가 맛보았던 꿀과 같이 '달콤한 공부'를 안 그 아이는 후에 위대한 학자로 성장 했습니다.

달콤한 맛으로 시작하는 탈무드 토라가 아이들을 공부하는 학자로 키워 가기를 바라며, 부모님들은 아이들이 첫 수업을 들을 때 펴는 첫 번째 책에 꿀을 바르기 시작했다 합니다.

❗ 한 번 더 생각해 봅시다

1. 아이의 머리 위에 동전을 떨어뜨리는 전통과 책에 꿀을 바르는 전통의 공통점은 무엇인가요?
2. 다음과 같은 속담이 있습니다. "선생님의 격려가 없으면, 학생은 어렵게 공부한다." 이 속담은 위 두 전통과 어떤 연관이 있나요?

토라 학교가 어떻게 유대교를 살렸나?

두 번째 성전은 500년이 넘도록 예루살렘에 세워져 있었습니다. 그 동안 두 번째 성전은 유대인들의 삶의 중심이었습니다. 그러기에 로마인들이 유대인의 성전을 파괴하는 일은 유대인들에게 끔찍한 재앙으로 다가왔던 것입니다.

성전 없이 유대인들은 어떻게 토라의 법을 따라 하나님을 예배할 수 있었을까요? 제사장들과 레위인들이 주관하던 제사는 어떻게 되었을까요? '탈무드 토라'의 중요성을 잘 알고 있었던 한 랍비로 인해, 사라질 것만 같았던 유대교는 성전이 파괴된 이 후에도 그 명맥을 이어 갈 수 있었습니다.

이 랍비는 유대교를 제사장들의 '제사 종교'에서 모든 유대인들의 '토라 종교'로 바꾸었습니다. 라반(Rabban) 요하난 벤 자카이와 그의 학교에 대한 이야기를 읽고, 다음 질문의 답을 찾아 보세요.

야브네(Yavneh) 토라학교가 중요한 이유는 무엇인가요?

야브네 토라학교

성전이 무너지기 전, 로마 장군 베스파시안은 예루살렘에 살고 있는 유대인들에게 항복하면 성전과 도시는 남겨둘 것이라고 선포했습니다. 그러나 예루살렘의 지도자는 그 제안을 거부하였습니다.

산헤드린(סנהדרין) 공회의 대표였던 라반 요하난 벤 자카이는 생각했습니다. '유대교를 지키는 것이 다른 무엇보다 더욱 중요한 일이다.' 요하난은 동료 유대인들에게 베스파시안에게 항복하더라도 예루살렘과 성전을 지키자고 외쳤지만, 지도자들과 백성들은 그의 말을 거부하였습니다.

사람들이 요하난의 말을 세 번이나 거부하자, 그는 이 문제를 자기 손으로 해결하기로 결심했습니다. 물론 요하난도 항복하지 않으려는 지도자들의 마음을 이해하지 못하는 것은 아니지만, 다른 방법의 선택의 여지가 없었기 때문에 그렇게 외쳤던 것입니다.

그 때 예루살렘의 지도자들은 많은 사람들이 싸우기보다 항복하기를 원한다는 사실을 깨달았습니다. 그래서 그들은 예루살렘에서 사람들이 빠져나가지 못 하도록 막지 않으면, 많은 사람들이 탈출할 것이라는 걸 알게 되었습니다. 그리하여 지도자들은 예루살렘을 폐쇄하고 아무도 성 밖으로 나가지 못 하게 만들었습니다. 하지만 라반 요하난은 미리 계획을 세우고 있었습니다. 그는 두 명의 제자들을 불러 이렇게 말하였습니다.

"내가 병들어 거의 죽게 되었다고 소문을 퍼트리게. 그리고 날 천으로 감싸 죽은 것처럼 위장하고, 예루살렘 성 밖으로 데려가게."

라반 요하난 벤 자카이는 자기가 죽은 것처럼 속여 몰래 예루살렘을 빠져나가 야브네에 학교를 세웠습니다.

그 당시, 죽은 사람의 시신은 자정이 지나기 전 예루살렘에서 내 보내야 한다는 것은 모두가 알고 있는 상식이었습니다.

요하난의 계획은 성공했습니다. 성문을 지키던 병사들은 요하난과 제자들을 성 밖으로 나가도록 허락해 주었고, 제자들은 그 길로 요하난을 로마군의 진지로 데려가 베스파시안 장군을 만나게 해달라고 하였습니다.

베스파시안은 요하난이 예루살렘 지도자들에게 항복하기를 주장했다는 사실을 이미 첩자를 통해 알고 있었으므로, 요하난에 대해 좋은 인상을 가지고 있었습니다. 그래서 마침내 요하난은 베스파니안을 만났습니다. 그 때 그는 요하난에게 물었습니다.

"무엇을 어떻게 도와 드리면 좋을까요?"

요하난은 대답 했습니다.

"단 한 가지 소원이 있습니다. 야브네에 학교를 하나 세울 수 있도록 허락해 주시오. 거기서 제자들에게 토라를 가르치고, 기도하며, 계명을 지키리이다."

그러자 베스파시안은 대답 하였습니다.

"그렇게 하시오 내가 도와 주리이다."

그러나 그 때만 해도 베스파시안은 몰랐습니다. 이 결정이 유대인들의 미래를 살리는 일이었다는 것을 말입니다.

라반 요하난은 로마군 진지를 떠나 야브네에 학교를 세웠습니다. 예루살렘과 성전이 무너진 후, 야브네는 유대교의 새로운 중심지가 되었습니다. 더 이상 제사는 지낼 수 없었지만, 토라 수업은 계속 되었습니다. 이 학교에서 라반 요하난은 제자들로 하여금 다른 사람들에게도 토라를 가르쳐 토라의 불씨를 살리고 토라연구를 확산시켜 나가도록 하라고 부탁 하였습니다.

이런 이야기를 들어보셨나요?

산헤드린은 히브리어로는 산헤드렌으로 읽습니다. 이 단어는 '회의'라는 뜻의 그리스어에서 온 단어입니다. 로마 시대에 산헤드린은 유대교의 최고 회의이자 대법원이었습니다. 로마인들이 도시와 성전을 파괴하기 전까지는 예루살렘에 있었고, 예루살렘이 파괴된 지 수십 년 후에는 예루살렘 서쪽, 야파(Jaffa) 남쪽에 위치한 야브네에 다시 세워졌습니다. 라반 요하난 벤 자카이가 야브네에서 가르친 제자들은 예루살렘 파괴 이후 '랍비'라는 칭호를 처음으로 받은 사람들이며, 요하난은 '라반'(대 스승)이라는 특별한 칭호를 받았습니다. 요하난이 산헤드린의 대표였기 때문입니다.

스스로 연구하고 찾아보세요

여러분은 로마정부가 토라를 가르치거나 읽는 사람들을 잡아 처형하는 시기가 있었는데, 그 때 요하난 벤 자카이 선생님이 예루살렘으로부터 어떻게 피신하여 나올 수 있었는지 알아보세요. 그리고 야브네에 토라 학교를 어떻게 세우게 되었는지 연구하여 보세요. d'Rabbi Natan 4, 아보트를 읽어보면 알 수 있어요.

❗ 한 번 더 생각해 봅시다

1. 랍반 요하난 벤 자카이가 죽은 것처럼 위장하여 예루살렘을 빠져나간 이유는 무엇인가요?
2. 베스파시안이 라반 요하난의 요청을 들어준 두 가지 이유는 무엇인가요?
3. 만일 이 때 성전이 파괴되지 않았더라면, 유대교는 지금의 모습과 어떻게 달라졌을까요?
4. 라반 요하난 벤 자카이가 베스파시안에게 찾아간 일이 잘 한 것이라고 생각하나요? 잘못된 일이라고 생각 하나요?

토라를 배우는 데에 늦은 나이는 없다

유대인들에게 토라 공부는 매우 중요한 의무입니다. 너무나 중요해서 탈무드의 랍비들은 유대인들이 자녀들에게 토라를 제대로 가르치지 않은 벌로, 하나님께서 두 번째 성전을 파괴하신 것이라고 까지 말하기도 합니다. 이 의견이 모두에게 받아들여지는 것은 아니지만, 그렇다고 가르친 사람, 최소한 두 사람에 대해서는 유대인 가운데 모르는 사람이 없습니다.

그처럼 훌륭한 랍비 두 분은 바로 '엘리에셀 벤 히르카누스'와 '아키바 벤 요셉'입니다. 이 두 사람은 개인적인 사정으로 인하여, 어린 시절에 토라를 공부하지 못하였습니다. 그들이 성인 된 뒤 토라 공부의 중요성을 스스로 인식하고 토라 공부를 늦깎이로 시작한 분들입니다. 그럼에도 이 두 랍비는 예루살렘과 성전이 무너진 후에, 유대인들이 온전히 유대인으로 살아갈 수 있도록 도와준 위대한 지도자들입니다.

아키바 벤 요셉이 탈무드 토라연구와 그것이 가르치는 계명을 지키기 위해 어떤 노력을 하였는지 아래 내용을 읽고, 다음 질문에 답해 보세요.

랍비 아키바의 교육은 토라 공부를 시작하기에 너무 늦은 시간은 없다는 것을 어떻게 가르쳐 주는가?

랍비 아키바, 나귀, 그리고 바위

매우 유명한 랍비인 아키바는 랍비 엘리에셀보다 훨씬 더 가난한 집에서 어린 시절을 보냈습니다. 엘리에셀의 아버지는 자녀가 토라 공부하는 것을 반대한 지주였지만, 아키바의 아버지 요셉은 자기 땅이 없어 이웃의 땅을 빌려서 일하던 아주 가난한 소작농이었습니다.

요셉은 글을 읽고 쓸 줄을 몰랐기 때문에 아들 아키바에게 양을 치는 것 외에는 가르쳐줄 수 있는 것이 없었습니다.

아키바는 성장하여 자라 칼바 사브아라는 이름을 가진, 큰 부잣집의 양을 치는 양치기가 되었습니다.

세 명의 랍비들이 탈무드 본문을 가지고 토론하고 있습니다.

칼바 사브아에게는 라헬이라는 이름을 가진 예쁜 딸이 하나 있었는데, 아키바는 그녀를 좋아했지만, 그녀에 대해 더 알아가고자 하는 기대와 꿈을 꾸지도 않았습니다. 큰 부잣집 딸인 라헬이 자기처럼 무지한 양치기를 만나고 싶어 할까 하면서, 포기하고 스스로 자신을 달래며 살았습니다.

그러던 어느 날이었습니다. 라헬은 아키바가 양떼를 치는 광경을 보게 되었습니다. 그에게서 뭔가 특별함을 발견한 그녀는 아키바에게 다가가 말했습니다.

아키바는 집이 가난하여 교육도 받지 못하였을 뿐만 아니라 그의 말투 또한 아주 거칠지만, 라헬은 그가 매우 똑똑한 사람이라는 것을 알 수 있었습니다. 그래서 라헬이 물었습니다.

"이렇게 재미있는 것들을 많이 알고 있나요?"

그러자 아키바가 답하였습니다.

제19장 탈무드 토라

"제가 아는 모든 것은 내 주위에 널려 있는 것, 하나님께서 창조하신 자연으로부터 배운 것입니다."

라헬은 다시 말했습니다.

"그럼 당신이 토라를 배우면 그 지식은 얼마나 더 넓어질지 생각해봐요."

이렇게 두 남녀의 만남은 계속되었고, 마침내 라헬은 아키바에게 양치기 일을 그만두고 토라를 공부하라고 말하게 되었습니다. 그러나 아키바는 이렇게 대답하였습니다.

"하지만 저는 이미 다 큰 어른인걸요. 그런데 전 아무것도 모릅니다. 학생들과 선생님이 저를 많이 비웃을 거예요."

라헬이 아키바에게 다음과 같이 요구하였습니다.

"당신이 틀렸다는 걸 보여줄게요. 등에 상처가 난 당나귀 한 마리를 데려오세요."

아키바는 이 일이 당나귀와 어떤 관계가 있는지 알 수 없었지만, 라헬이 말한 대로 따랐습니다. 당나귀를 그녀에게 데려오자, 라헬은 당나귀의 등에 더러운 먼지와 연고를 잔뜩 발랐습니다. 당나귀의 몸이 이상하게 보일 때까지 말입니다. 그리고는 아키바에게 말했습니다.

"이제 이 당나귀를 데리고 매일 시장에 다녀오세요. 일주일 동안요. 그리고는 어떤 일이 일어나는지 보세요."

첫 날, 사람들은 당나귀를 보고 비웃었습니다. 둘째 날, 몇몇 사람들은 당나귀를 알아보았지만 비웃지는 않았습니다. 셋째 날, 당나귀를 비웃는 사람은 없었습니다. 라헬이 말했습니다.

"이 당나귀에게 일어난 일이 당신에게도 일어날 거예요."

"이제 토라를 배우러 학교로 가세요. 첫날에는 선생님과 학생들이 당신을 비웃겠지만, 며칠 지나지 않아 당신을 놀리는 사람들은 사라지고, 당신을 그대로 받아들일 거예요."

이런 이야기를 들어보셨나요?

엘리에셀 벤 힐카누스는 라반 요하난 벤 자카이를 예루살렘 밖으로 데려간 두 명의 제자들 중 한 명입니다. 즉 엘리에셀은 위대한 스승이 야브네에 학당을 세울 수 있도록 생명을 걸고 도와준 제자였습니다. 두 번째 성전이 파괴된 이후 이 학교는 유대교의 중심이 되었습니다. 엘리에셀과 함께 라반 요하난을 데려간 여호수아 역시 위대한 학자가 되었다고 탈무드 교사들은 가르칩니다. 이 요하난의 두 제자는 나중에 랍비 엘리에셀, 랍비 여호수아가 되어, 이 책의 2장, 할라카에 나오는 논쟁을 하게 되었습니다.

이런 이야기를 들어보셨나요?

먼 옛날과 같이 오늘날에도 탈무드 토라라는 계명은, 전 세계의 유대교 학교에서 지켜지고 있습니다. 미국에서는 유명한 학자들이 아래와 같은 유대교 교육의 중심지에서 탈무드 토라를 지키고 있습니다.

개혁주의 유대교 교육기관으로는 히브리 유니온대학교(Reform movement's Hebrew Union College, 1875년 설립), 보수적인 학교로는 유대 신학대학원(Jewish Theological Seminary, 1886년 설립), 정통주의 학교로는 예시바대학교 산하의 랍비 이삭 에하난 신학대학교(Rabbi Isaac Eichanan Theological Seminary of Yeshiva University, 1896 설립)와 재건주의랍비대학교(Reconstructionist Rabbinical College, 1968년 설립)가 있습니다.

여러분도 이 책으로 공부하고 선생님으로부터 가르침을 받으면 탈무드 토라 계명을 지키고 있는 것입니다.

그제야 아키바는 토라를 공부하기로 마음먹었습니다. 아키바와 라헬은 그녀의 아버지 칼바 사브아의 집을 떠나기 전에 결혼식을 올렸습니다. 아버지의 반대를 무릅쓰고 말입니다. 결국 라헬은 집을 떠날 수밖에 없었습니다. 남편이 토라를 공부하러 떠나있는 동안 라헬은 머리카락을 잘라 팔아 생계를 이어 나갔습니다.

아키바에게는 평생 처음 해보는 토라 공부 또한 쉬운 일이 아니었습니다. 처음에는 매우 낙심하기도 했습니다. 그렇게 불편한 마음으로 혼자 나무 사이를 걷던 어느 날, 아키바는 시냇가의 세찬 물줄기를 버티며 우뚝 서있는 바위를 발견하게 되었습니다. 그 바위 한 가운데에는 물살로 인해 큰 구멍이 하나 뚫려 있었습니다.

이 때, 아키바는 공부에 대한 태도가 180도 바뀌었습니다. 아키바는 이렇게 혼잣말을 했다고 기록하고 있습니다.

> "이 세찬 물줄기가 바위 마저도 뚫을 수 있다면, 토라의 말씀이 내 굳은 머릿속 까지도 뚫을 수 있으리라."

수년이 지난 후, 아키바는 다시 집으로 돌아왔습니다. 양치기가 아닌, 위대한 랍비가 되어서 말입니다. 그의 장인은 아키바를 매우 자랑스러워하며 집으로 데려왔을 뿐만 아니라 딸 라헬도 다시 집으로 불렀습니다.

아키바는 장인에게 이렇게 말했습니다.

"라헬은 탈무드 토라가 가장 중요한 계명이라는 것을 잘 알고 있었습니다. 그녀가 없었더라면 전 아무것도 하지 못했을 것입니다. 장인어른께서 제게 보여 주시는 학자로서의 존경을 라헬에게도 베풀어 주십시오."

ⓘ 한 번 더 생각해 봅시다

1. 아키바가 나귀로부터 배운 교훈과 바위로부터 배운 교훈은 무엇인가요?
2. 탈무드 토라가 여러분의 미래를 어떻게 이끌어줄 것이라고 생각하나요?

제20장

Tanach
타나ㅋ흐

타나ㅋ흐는 유대교에서 사용하는 성경을 부르는 말입니다. 이 단어는 히브리어 단어 토라(תורה), 너비임(נביאים), 커투빔(כתובים)의 첫 글자를 따서 만든 두문자어 입니다. 히브리어 성경은 토라(후마쉬, 오경), 너비임(선지서), 커투빔(성문서) 세 부분으로 나누어져 있습니다. 이렇게 나누어진 세부분의 이름의 머리글자, 즉 토라의 ㅌ(T), 너비임의 ㄴ(N) 그리고 커투빔의 ㅋ(k)을 모아서 만든 새로운 단어입니다.

타나ㅋ흐는 모든 책을 가지고 있는 거대한 도서관과 같습니다.

종이나 양피지에 손으로 직접 쓴 성경을 읽든지, 오늘날에는 심지어 컴퓨터를 사용하여 성경을 읽든지 간에 유대인들은 그들의 성경 타나ㅋ흐는 여전히 그들의 삶의 일부가 되어 있습니다.

여러분이 어느 유대인 집에 가지런히 놓인 책장을 보고 있다고 생각해 보세요. 그 책장에는 여러 권의 책들이 꽂혀 있습니다. 모든 책의 모서리 첫줄에는 '타나ㅋ흐(תנ״ך)'라고 쓰여 있는 것을 볼 수 있습니다.

타나ㅋ흐(תנ״ך)는 히브리어 성경을 부르는 말입니다. 그 다음 세 줄은 성경의 내용을 나누는 세 부분 토라(תוֹרָה, 혹은 후마쉬), 너비임(נְבִיאִים, 혹은 선지서), 커투빔(כְּתוּבִים, 혹은 성문서)이 적혀 있습니다. 이 세 단어의 머리글자를 따서 새로운 하나의 단어를 만들면 타나ㅋ흐(תנ״ך)가 됩니다.

본 장에서는 타나ㅋ흐(תנ״ך), 즉 히브리어 성경에 대한 유명한 속담 두 개를 소개해 드리려고 합니다. 하나는 아람어고, 또 다른 하나는 히브리어입니다.

아람어 속담은 성경에는 모든 것이 담겨 있다는 것을 알려주는 이야기이고, 히브리어 언어유희는 성경을 절대로 도외시 하지 말라는 가르침이 담겨 있는 이야기 입니다.

> ★ **우리가 새롭게 배우게 될 교훈**
> 1. 한 권의 성경 속에 삶의 다양한 모습들의 모든 것이 담겨 있습니다.
> 2. 히브리어 언어유희로도 유대인이 성경을 도외시 하지 않는다는 것을 알 수 있습니다.

다양한 인생, 한 권의 성경

성경의 책들은 삶의 모든 부분을 다루고 있습니다. 사랑 이야기에서 부터 가족 간의 다툼, 전쟁까지 다루는 방대한 역사를 담고 있을 뿐만 아니라, 율법에 대한 설명도 자세하게 다루고 있습니다.

성경의 두 번째 부분인 선지서는 온 세상 나라들이 그 행위로 심판을 받을 것이라는 사실을 알려 줍니다. 또 어떤 부분에서는 기도문이 나오기도 하고(보통 감사의 기도입니다), 또 성경의 어떤 부분에서는 어떻게 삶의 문제를 다루어야 하는지에 대한 조언이 나오기도 합니다.

우리는 이를 보통 '지혜문학'이라고 부릅니다. 이처럼 성경은 하나의 거대한 도서관과도 같습니다. 그 안에서 독자는 자신의 상황에 맞는 내용을 찾을 수 있습니다.

오래 전 성경을 읽었던 사람들이 성경을 어떻게 표현 하였는지에 대한 다음 글을 읽고, 다음의 질문에 대답해 보세요.

벤 바그바그(Ben Bag-Bag)는 성경에 대해 어떻게 말하고 있나요?

성경은 모든 걸 담고 있다

요하난 벤 바그바그가 이처럼 이상한 이름을 얻게 된 이유에 대해 다양한 이야기들이 있습니다. 하지만 이 이야기들은 모두 벤 바그바그가 유대교로 회심한 사람이라는 것에는 동의하고 있습니다. 그는 토라와 계명으로 가득한 좋은 환경에서 태어난 사람이 아니었습니다. 자신이 토라를 따르는 삶, 계명을 지키는 삶을 받아들이기로 스스로 선택한 사람입니다.

벤 바그바그가 토라를 요약하여 말한 내용은 매우 중요하여 미쉬나에 기록되기까지 하였습니다. 그의 말이 미쉬나에 나온 부분은 히브리어 기도문으로도 만들어 지기까지 하였습니다. 여러분이 회당에 갈 때마다, 여러분의 손끝에서 벤 바그바그의 말을 찾을 수 있을 정도로 회당의 여러 곳에 기록 되어 있습니다.

다음은 벤 바그바그가 아람어로 타나ㅋ흐에 관하여 말한 것을 번역하여 놓았습니다.

훑어보고, 또 훑어보라. 그리고 넘어가서 다시 훑어보라, 모든 것이 담겨있으니.

그 안을 들여다보라. 그렇게 그 안에서 머리가 희도록 늙어 가라.

그 길에서 떠나지 말지어다. 이보다 더 좋은 삶의 방법을 찾을 수 없으리.

❗ 한 번 더 생각해 봅시다

1. 벤 바그바그가 유대교로 개종한 이유가 흥미로운 이유는 무엇인가요?
2. '그 안에서 머리가 희도록 늙어가라'라는 벤 바그바그의 말은 무슨 뜻일까요?

언어유희로 배우는 타나ㅋ흐에 대한 가르침

예루살렘에서 학생들이 타나ㅋ흐, 즉 성경을 공부하고 있습니다.

펀(pun; 언어유희)이 무엇인지 아시나요? 언어유희는 발음은 비슷하나 뜻은 다른 말로 분위기를 변화 시키는 재치 있는 대화 기술의 하나입니다. 조금 진부한 것도 있습니다. 예를 들면 아주 오래 된 조크 두 가지 소개합니다.

"지금이 몇 시 몇 분인가요?"

"서울시 여러분입니다."

한 가정에 아버지보다 아들의 키가 훨씬 큰 가정이 있었습니다. 그 집안의 '성씨'는 비거(Bigger)씨입니다. 그 집안에 놀러온 어떤 분이 다른 친구에게 물었습니다.

"누가 더 큽니까(who is bigger?), 미스타 비거(Bigger) 또는 그의 아들?

이 질문에 대한 대답은 이렇습니다.

"비거(Bigger)의 아들은 리틀 비거(Bigger)이다."

물론 아들 비거(Bigger)가 아버지 비거(Bigger)보다 훨씬 크지만 아들 비거는 작은 비거임에는 틀림없습니다.

때로는 이러한 언어유희에 재미와 교훈이 함께 담겨 있기도 합니다. 다음 이야기를 읽고, 다음 질문에 대답해 보세요.

타나ㅋ흐(תנך)와 발음은 같지만, 뜻은 다른 히브리어 단어들은 어떤 것들이 있나요? 이 언어유희를 통하여 어떤 가르침을 배울 수 있을까요?

성경을 도외시 하지 말라

알파벳도 다르고, 의미도 다르지만 발음은 '타나ㅋ흐'라고 읽는 히브리어 단어들이 있습니다. '타나흐(תנח)'는 단어는 '쉬어라'라는 의미를 가지고 있습니다. 다음의 언어유희는 타나ㅋ흐(성경)와 발음이 비슷한 이 단어를 사용한 언어유희입니다.

מִן הַתַּנַךְ יָדְךָ אֵל תַּנַח (민 하타나ㅋ흐 야디크 알 타나ㅋ흐)
성경으로 부터 네 손을 떠나게 하지 말라(또는 성경을 네 손으로 밀쳐내지 말라)

여러분이 인생을 살면서 유대교의 지식과 삶의 보화를 담은 많은 책들과 함께 성경에 더욱 깊이 빠져들게 되면, 유대교의 삶의 방식을 따르는 방법에 대해 더욱 많은 것들을 배우게 될 것입니다.

ⓘ 한 번 더 생각해 봅시다

1. 성경을 한 번에 다 읽지 않는 이유는 성경의 내용이 너무 많기 때문입니다. 성경을 한 번에 다 읽지 않는 이유에 또 다른 이유가 있을까요?
2. '성경으로부터 네 손을 떠나게 하지 말라'는 말을 지키는 방법 중 하나는 학자들이 쓴 성경에 대한 책들을 많이 읽는 것입니다. 이 책에서도 성경에 관한 다른 책들을 많이 소개해주었습니다. 우리가 토라라고 부르는 다른 책들을 최소 세 개 이상 말해볼 수 있나요?

간단한 용어설명

아가다(Aggadah, אַגָּדָה)
단어의 의미는 '이야기'로서, 탈무드에서 법이 아닌 부분으로, 올바른 삶을 살아가는 방법을 보여주고 가르쳐 주는 격언, 대화록, 설화, 일화, 구전된 과학적 지식 등이 이에 속한다.

알리야(Aliyah, עֲלִיָה)
복수형은 '알리오트'이다. 단어 자체는 '올라가다'라는 뜻을 가지고 있다. 첫째는 회당에서 주마다 토라를 낭독할 때에, 회당 강대상(비마)에 올라가 토라를 읽도록 부름을 받는 것을 알리야라 부른다. 그리고 두 번째는 이스라엘로 이주하거나 순례하러 올라온 사람들을 뜻하기도 한다.

아세레트 하디브로트(Aseret HaDibrot, עֲשֶׂרֶת הַדִּבְּרוֹת)
히브리어 성경에서는 '십계명'이라는 말은 안 나온다. 십계명을 히브리어로 부르는 말인데, 히브리어 단어의 의미로 보면 '열 마디 말씀'이다.

게마라(Gemara, גְמָרָא)
단어 그 자체의 의미로는 '완성'이라는 뜻이며, '배우다'는 뜻의 아람어 단어에서 유래하였다. 게마라는 미쉬나(Mishnah)의 내용에 주를 달거나, 그 내용을 더욱 풍부하게 설명해주는 탈무드의 일부이다. 예루살렘 게마라(혹은 팔레스타인 게마라)는 A.D 200년부터 400년 사이 이스라엘 땅에서 정리된 것이며, 바빌로니안 게마라는 A.D. 200년부터 500년 사이에 페르시아가 지배하던 바빌론 땅에 살던 유대인이 정리한 것이다.

하프타라(Haftara, הַפְטָרָה)
'끝'이라는 뜻으로, 안식일이나 절기에 토라를 낭독한 후에 읽는 선지서 구절들이다.

하가다(Haggadah, הַגָּדָה)
'이야기'라는 뜻이다. 유월절 이야기, 혹은 유월절 이야기를 담은 책이다. 아가다 항목 참고.

할라카(Halachah, הֲלָכָה)
'걷다'라는 히브리어 단어에서 유래하였다. 첫째 의미는 유대교 율법이며, 둘째 의미는 율법에 관하여 다루는 탈무드의 일부를 뜻하기도 한다.

후마쉬(Humash, חוּמָשׁ)
복수형은 '후마쉼'이다. '다섯'이라는 뜻의 히브리어 단어에서 유래하였다. 성경(타나ㅋ흐)의 첫 번째 부분을 이루는 오경(토라)을 말한다.

커투빔(Ketuvim, כְּתוּבִים)
'기록물들'(writings)이라는 뜻의 단어로, 성경의 세 번째 부분인 성문서를 일컫는 말이다. 시편, 잠언, 욥기와 다섯 두루마리(오축)와 그 외의 성경의 글들을 포함하고 있다.

라숀 하코데쉬(Leshon Hakodesh, לְשׁוֹן הַקֹּדֶשׁ)
'거룩한 언어'라는 뜻을 지닌 단어로 히브리어를 뜻한다.

마프티르(Maftir, מַפְטִיר)
예배 때 하프타라 전체와 함께 낭독되는 토라의 마지막 구절을 낭독하여 예배를 끝맺는 사람을 부르는 말이다.

마쉬아흐(Mashiah, מָשִׁיחַ), 메시아
기름부음을 받은 사람. 정통 유대교 신앙에 따르면, 메시아(구원자)가 이스라엘 왕국을 다시 세워 이 세상에 평화와 의로움과 정의와 행복을 가져온다고 한다.

므길라(Megillah, מְגִלָּה)
복수로는 '므길로트'라고 한다. '두루마리'라는 뜻으로, 케투빔(성문서)에 포함된 다섯 두루마리(오축)를 가리키는 말이다. 유월절에 읽는 아가, 오순절에 읽는 룻기, 성전이 파괴된 날인 티샤 브아브에 읽는 예레미야 애가, 초막절에 읽는 전도서, 그리고 부림절에 읽는 에스더를 다섯 두루마리를 말한다. 이 다섯을 함께 부를 때는 므길로트라고 한다.

머주자(Mezuzah, מְזוּזָה)

복수로는 '머주조트'라고 한다. '문설주'라는 뜻이다. 슈마 구절의 처음 두 구절이 적힌 양피지 조각을 담은 작은 상자이다.

미드라쉬(Midrash, מִדְרָשׁ)

'조사'라는 뜻이다. 성경에 대해 설명하거나 성경의 내용에 부연 설명하는 랍비 문학으로, 보통 격언이나 이야기의 형태를 띠고 있다.

민하그(Minhag, מִנְהָג)

복수로는 '민하김'이라 한다. 유대교 관습, 전통, 습관을 뜻한다. 모든 유대인에게 적용되며 그 내용이 자주 바뀌지 않는 할라카와는 달리 안식일에 불을 밝히는 촛불의 수와 같은 민하그는 지역마다, 집집마다 다르기도 하다.

미쉬나(Mishnah, מִשְׁנָה)

'배우다'라는 뜻의 단어로, 예후다 나하시와 그의 제자들이 A.D. 200년 경 야브네에서 정리한 구전 토라로 탈무드의 중요한 부분이 되었다.

미쯔바(Mitzvah, מִצְוָה)

복수형으로는 '미츠보트'라고 부른다. '계명'이라는 뜻의 단어이다. 첫째, 전통적으로 후마쉬(오경)에 수록되어 있다고 하는 613개의 계명을 뜻하며, 둘째, 선행 그 자체를 뜻하기도 한다.

너비임(Nevi'im, נְבִיאִים)

'나비'라는 단어의 복수형이다. 하나님의 대언자들 이라는 뜻의 단어이다. 첫째는 이스라엘 선지자들을 뜻하며, 둘째는 성경의 두 번째 부분인 구약 성경의 선지서를 뜻하는 말이다.

파라샤트 하샤브아(Parashat HaShavua, פָּרָשַׁת הַשָּׁבוּעַ)

단어 그 자체는 '한 주에 해당되는 부분'이라는 뜻으로, 매주 안식일이나 기념일에 회당에서 낭독하는 토라의 일부분을 뜻하는 말이다.

라쉬(Rashi, רַשִׁ"י)

현재까지 가장 잘 알려진 성경 주석과 탈무드 주석을 남긴 랍비 슐로모 이츠하키(1040-1105)의 이름의 머리글자를 따서 만든 사람의 이름이다.

세페르 토라(Sefer Torah, סֵפֶר תּוֹרָה)
복수형은 '시프레이 토라'이다. 후마쉬(오경)를 적은 양피지 두루마리를 말한다.

샤다이(Shadai, שַׁדַּי)
'전능하신'이라는 뜻의 히브리어 단어. 이 단어를 구성하는 알파벳들은 '이스라엘 문의 수호자'라는 문장의 머리글자를 따서 만든 단어로, 모든 머주자에는 '샤다이'라는 단어 혹은 그 단어의 첫번째 알파벳인 쉰(ש)이 기록되어 있다.

소페르(Sofer, סוֹפֵר)
복수형은 '소프림'. 토라를 기록하는 필사자이다.

탈무드(Talmud, תַּלְמוּד)
'배우다' 혹은 '가르치다'라는 뜻의 히브리어 단어이다. 미쉬나와 게마라로 이루어진, 유대인들의 삶을 지도하는 거룩한 책이다. 예루살렘 탈무드(혹은 팔레스타인 탈무드)는 이스라엘 학당에서 연구하던 랍비들의 대화를 모은 것이며(예루살렘 게마라 혹은 팔레스타인 게마라), 바빌로니안 탈무드는 바빌론의 학당에서 연구하던 랍비들의 대화를 모은 것이다(바빌로니안 게마라).

탈무드 토라(Talmud Torah, תַּלְמוּד תּוֹרָה)
'가르침을 배우다' 라는 뜻으로, 첫째, 토라를 배우고 또 가르치라는 계명을 뜻하며, 둘째는 토라를 가르치는 학교, 특별히 유대교 학교를 뜻하기도 한다.

타나크흐(Tanach, תַּנַ"ךְ)
히브리어로 성경을 부르는 이름이다. 성경은 토라(모세오경), 너비임(선지서), 커투빔(성문서)으로 이루어져 있는데, 이 세 단어의 머리글자를 따서 만든 단어이다.

토라(Torah, תּוֹרָה)
단어 그 자체로는 '인도' 혹은 '지도'를 뜻한다. 첫째, 유대교 신앙, 행동, 기록물 전체를 뜻하나, 둘째 의미는 모세오경(후마쉬)을 뜻하기도 하며, 또는 성경책 전체를 가리키는 말로도 쓰인다.

히브리어 알파벳 표

수	문자	이름	음역표기	발음
1	א	알레프	'(ㅇ)	음가가 없다. 단어의 중간에 오면서 모음부호를 가지지 않으면 소리가 없으나 모음부호를 가지면 모음부호만 발음하면된다.
2	בּ	베이트	b(ㅂ)	완전한 ㅂ소리(문자가 가슴에 점을 가짐)
	ב		v(∀)	영어에서 v소리가 벼운 ∀(문자가점을가지지않음)
3	גּ	기멜	g(ㄱ)	완전한 ㄱ소리(문자가 점을 가진 때와 가지지 않을 때 발음이 동일하다)
	ג		gh(ㄱ)	완전한 ㄱ소리
4	דּ	달레트	d(ㄷ)	완전한 ㄷ소리(가슴에 점을 가질 때와 가지지 않을 때 발음이 동일하다)
	ד		dh(ㄷ)	완전한 ㄷ소리
5	ה	헤이	h(ㅎ)	ㅎ소리
6	ו	바브	v,w(∀)	베이트이가 가슴에 점을 가지지 않은 문자와 같은 소리
7	ז	자인	z(ㅈ)	ㅈ소리
8	ח	ㅎ케이트	ch(ㅎㅋ)	ㅎㅋ이 합쳐진 소리
9	ט	테이트	t(ㅌ)	ㅌ소리
10	י	요드	y(요)	영어의 y와 같은 음가로 한글 표기는 없다.
20	כּ	카프	k(ㅋ)	가슴에 점을 가지면 ㅋ
	כ		kh(ㅋㅎ)	가슴에 점이 없으면 ㅋ과 ㅎ이 합쳐진 소리

30	ל	라메드	l(ㄹ)ㄹ	영어 l과 같은 소리로 한글 음가로는 ㄹ을 두번 발음하면 된다.
40	מ ם	멤	m(ㅁ)	ㅁ소리
50	נ ן	눈	n(ㄴ)	ㄴ소리
60	ס	싸메ㅎㅋ	s(ㅆ)	된 ㅅ소리
70	ע	아인	'(ㅇ)	알레프와 마찬가지로 음가가 없다. 모음부호를 가지면 모음부호만 읽으면 된다.
80	פ	페이	p(p)	가슴에 점을 가지면 ㅍ소리
	פ		ph(f)	가슴에 점을 가지지 않으면 영어에서 f소리
90	צ ץ	츠자디	tz, ts(ㅊㅈ)	한글의 ㅊ과 ㅈ을 합친 소리
100	ק	코프	q(ㅋ)	ㅋ소리
200	ר	뢰이쉬	r(ㄹ)	영어에서 r소리로 한글 표기로는 ㄹ소리
300	ש	쉰	sh(쉬)	영어에서 sh소리로 한글 표기로는 쉬 소리
	ש		s(ㅆ)	쉰의 왼쪽위에 점을 가지면 한글의 된 ㅅ소리
400	ת	타브	t(ㅌ)	ㅌ소리
	ת		th(ㅌ)	가슴에 점을 가지나 가지지 않으나 동일하게 ㅌ소리

참고도서

Abrahams, Israel : *Jewish Life in the Middle Ages*, Edward Goldston, London.

Caplan, Samuel and Ribalow, Harold U. : *Great jewish Books*, Horizon Press, Inc.

Cohen, Abraham : *Everyman's Talmud*, E. P. Dutton and Company, Inc.

Cohen, Mortimer, J. : *Pathways through the Bible*, Jewish Publication Society.

Conovitz, Micahel : *Dorothy and David Explore Jewish Life*, Union of American Hebrew Congregations.

Edelman, Lily : *New People in an Old Land*, Thomas Nelson and Sons.

Edidin, Ben, M. *Jewish Customs and Ceremonies*, Hebrew Publishing Company.

Edidin Ben, M. : *Jewish Holidays and Festivals*, Hebrew Publishing Company.

Eisenberg, Azriel : *The Jewish Calendar*, Abelard-Schuman.

Gaer, Joseph and Wolf, Alfred : *Our Jewish Heritage*, Henry Holt and Company.

Gamaron, Mamie G. : *Days and Ways*, Union of American Hebrew Congregations.

Gilbert, Arthur and Tarcov, Oscar : *Your Neighbor Celebrates*, Friendly House Publishers.

Goldin, Hyman E. : *A Treasury of Jewish Holidays*, Twayne Publishers.

Goldin, Hyman E. : *The Code of Jewish Law*, Hebrew Publishing Company.

Grayzel, Solomon : *A History of the Jews*, Jewish Publication Society.

Hertz, Joseph H. : *Pentateuch and Haftorahs*, Soncino Press Ltd., London.

Hertz, Joseph, H : *The Authorized Daily Prayer Book*, Bloch Publishing Company.

Hertz, Joseph, H. : *Pirke Aboth, Sayings of the Fathers*, Behrman House, Inc.

Holisher, Desider : *The Synagogue and Ite People*, Abelard-Schuman.

Kertzer, Morris : *What Is a Jew?* World Publishing Company.

Lehrman, S. M. : *Jewish Customs and Folklore*, Shapiro, Vallentine and Co., London.

Levin, Meyer and Kurzband, Toby : *The Story of the Synagogue*, Behrman House, Inc.

Pessin, Deborah : *History of the Jews in America*, Abelard – Schuman.

Schauss, Hayyim : *The Jewish Festival*, Union of American Hebrew Congregations.

Schauss, Hayyim : *The Lifetime of a Jew*, Union of American Hebrew Congregations.

Srhwartzman, Sylvan, D. : *Once Upon a Lifetime*, Union of American Hebrew Congregations.

Smith, Harold P. : *A Treasure Hunt in Judaism*, Hebrew Publishing Company.

Steinberg. Milton: *Basic Judaism*, Harcourt, Brace and Company.

Sussman, Samuel and Segal, Abraham : *A Guide for Jewish Youth*, Board of Jewish Education, Philadelphia.

Tarcov, Pscar and Tracov, Edyth : *The Illustrated Book of Jewish Knowledge*, Friendly House Publishers.

The Holy Scriptures : Jewish Publication Society.

Zeligs, Dorothy, F. : *The Story of the Jewish Holidays and Customs*, Bloch Publishing Company.

Zeligs, Dorothy, F. : *The Story of Modern Israel*, Bloch Publishing Company.